CULTURAL PSYCHOLOGY

日本人の認知的特徴と
人格的成長に関する
文化心理学

相互協調的自己観と包括的思考

Isaka Hiroko

伊坂裕子

［著］

福村出版

JCOPY 〈出版者著作権管理機構　委託出版物〉

本書の無断複写は著作権法上での例外を除き禁じられています。複写される場合は、そのつど事前に、出版者著作権管理機構（電話 03-3513-6969、FAX 03-3513-6979、e-mail: info@jcopy.or.jp）の許諾を得てください。

はじめに

　2017 年は，政治の世界で「忖度」が問題とされた．「忖度」は，日本的なのだろうか．また，数々の国際比較調査（内閣府, 2013; 国立青少年教育振興機構, 2014 等）で，日本の若者の自己肯定感が低いことが示され，それを問題とした教育再生実行会議が「自己肯定感を高め，自らの手で未来を切り拓く子供を育む教育の実現に向けた，学校，家庭，地域の教育力の向上」と題した第 10 次提言をまとめたのも，2017 年である．日本の子どもや若者の自己肯定感の低さは，本当なのだろうか，そして，本当だとしたら，それは問題なのだろうか．

　「日本人ほど自らの国民性を論じることを好む国民は他にいない」（南, 1994, はしがきより）という．そして，日本人が自らの国民性を論じるときに，ややもすると実証的裏づけのない日本人や日本文化批判となる危険性がある．山 (2015) は，多くの日本人論は比較文化の専門家によって書かれたものではなく，実証的裏づけのないイデオロギーであると主張している．そして，このような実証的裏づけのない日本人論を「19 世紀の亡霊」と呼び，断罪している．南 (1994) のまとめた明治期からの膨大な日本人論をながめても，そのような傾向があるといえる．

　一方で，最近の文化心理学の進歩は著しい．実証的な文化比較によって，文化差をとらえる研究が次々に発表されている．そして，単に違いを記述することにとどまらず，その違いを説明する理論的な枠組みが提供されている．最近では，そのような文化とこころの関係から，こころがどのように形成されるのか，社会生態学的な立場や，神経科学などの立場から，文化とこころの共進化を前提にした説明が試みられている．

　世界は急速にグローバル化し，人，モノ，情報の国際化が進む中で，文化や人のこころが均質化するわけではなく，文化とこころの関係への関心は高まっている．さまざまな場面で，文化的葛藤に遭遇したり，自分の常識が通じ

ない事態に出合ったりすることも増加していると思われる．また，グローバル化する価値観の中で日本人や日本文化に自信をなくし，「19世紀の亡霊」(山，2015) が出現するかもしれない．多くの日本人は，実証的裏づけのない通説の「日本人論」に頼って，「だから日本はダメなんだ」と結論づけてしまうかもしれない．それなら，少しでも実証的な立場から，日本人の特徴を記述することはできないだろうかという問題意識から本書は始まった．これが本書のテーマである．

第1章では，文化とこころの関係をめぐる研究の歴史を簡単に振り返り，現在の文化心理学の代表的な理論的枠組みを紹介する．本書では，その中で，日本人がどのようにとらえられているのか，それが本当なのかを検討していく．第1章では，現在，主流の枠組みに加えて，日本人の文化的価値観を示す可能性のある第3の軸を考える必要があることを示した．そして，その第3軸の特徴を分析した．

第2章では，ことわざの分析を通して，日本文化に伝統的に継承されてきた文化的価値観を検討した．

第3章では，日本人の自己批判的（自己卑下的）自己認知について検討した．自己批判的（自己卑下的）自己認知をとらえるためには，指標の工夫が必要となる．本書では，Kenny らの社会的関係モデル（Social Relations Model: SRM）を用いることで，その問題を解決した．

第4章では，本音と建て前のある日本人のコミュニケーションについて，重要他者と自分の意見が異なる場面での行動を通して検討した．

第5章，第6章は，人格的成長に関わる章である．ポジティブ心理学では，自己超越性という徳を高める人格的な強みとして，スピリチュアリティが考えられているが，宗教的背景の薄い日本人にとって，スピリチュアリティは理解が難しい概念である．日本人にもスピリチュアルな成長はあるのだろうか．スピリチュアルな成長は，困難な体験の後に人格的な成長を経験する場合に，大きな役割を占めると考えられる．第6章では，日本人にとって，未曽有の大災害となった東日本大震災の体験を通した人格的な成長について取り上げる．

これらの問題について，急速に発展し，成果をあげている実証的な文化心理学の理論をもとに，日本の文化と日本人を考えてみたい．

目 次

はじめに 3

第1章　日本の集団主義と個人主義 7

1-1.　文化とこころ　文化人類学から文化心理学へ　8

1-2.　文化心理学の代表的な理論的枠組み　10

1-3.　日本人は集団主義的か　13

1-4.　日本人の集団主義的価値観の特徴——独自の因子の抽出　15

1-5.　「協調と競争を通した自己利益の維持（MSICC）」の特徴（研究1）　16

1-6.　総合的考察　25

第2章　ことわざにみる個人と集団の関係についての価値観の検討 27

2-1.　ことわざの収集と分類（研究2-1）　28

2-2.　ことわざ尺度を用いた日本人大学生の価値観の研究（研究2-2）　37

第3章　日本人の自己批判的自己認知 53
社会的関係モデル（SRM）を用いた日本的自己認知の考察

3-1.　自己認知のバイアスと文化心理学　54

3-2.　社会的関係モデル（SRM）を使用した研究1（研究3-1）　59

3-3.　社会的関係モデル（SRM）を使用した研究2（研究3-2）　66

3-4.　総合的考察　70

第4章　本音と建て前の二重構造 75

4-1.　文化的自己観と本音と建て前　76

4-2.　道徳的判断　78

4-3.　重要他者と意見の相違がある場面の行動の文化差（研究4）　80

4-4.　総合的考察　96

第5章　日本におけるスピリチュアルな態度 ……… 99
日本における人格の成長

5-1. 日本の spirituality をとらえる　100

5-2. スピリチュアルな態度と自動思考および自己超越性との関連
（研究5-1）　102

5-3. 人生の意味の探索とスピリチュアルな態度の関係（研究5-2）　110

第6章　東日本大震災とスピリチュアルな態度 ……… 117

6-1. 災害とスピリチュアルな態度，PTG　118

6-2. 東日本大震災後の被災地外の大学生におけるスピリチュアルな態度
（研究6-1）　119

6-3. 東日本大震災の PTG とスピリチュアルな態度（研究6-2）　125

6-4. 総合的考察　141

おわりに ……… 144

引用文献 ……… 148

第 1 章

日本の集団主義と個人主義

1-1. 文化とこころ　文化人類学から文化心理学へ

　人間の心性は人類に共通で普遍的なのだろうか，それとも，文化が異なると人のこころの性質は異なるのであろうか．このような文化とこころの関係は，文化人類学において重要なテーマであり，1940年代から50年代にかけて，文化とパーソナリティ学派と呼ばれる立場からの研究が行われていた．日本人論として有名なベネディクト（Benedict）の『菊と刀』（1946）も，この立場からの研究である．ベネディクトは，文化相対主義の立場から，欧米の「罪の文化」に対して，義理・人情のあつい日本人の特徴を「恥の文化」と名づけた．文化相対主義とは，ボアーズ（Boas）らが展開した立場で，タイラー（Tylor）の文化進化論への批判から始まった．文化進化論では，こころの性質は人類に共通で普遍的であるという心的単一性の仮説に基づき，民族間にみられる多様性は，その民族が到達した進化の段階の違いとして理解されている．それに対し，文化相対論では，文化の違いを進化の度合いの違いとは考えず，文化をそれぞれの集団の属性とみなし，すべての文化は対等で，人のこころは文化の影響を受けて発達すると考えた．この考え方は，人間の心的過程は性や人種などの生理的要因ではなく，文化的要因によって決定されるという文化決定論を内包していた．ボアーズの学生であったミード（Mead）やベネディクトは，この文化決定論をそれぞれの立場から発展させた．

　このような文化人類学における文化とこころの関係の研究の展開にもかかわらず，心理学では，こころを文化普遍的なものと考える行動主義の実験心理学が主流であった．皮肉なことに，実験心理学の創始者であるヴント（Wundt）は，藤永（1997）によると，実験的研究の対象となるものは，感覚・記憶などの「低次な」精神機能に限られると考えていたという．ヴントは，思考などの高次で複雑な過程は，言語などの文化的記号や象徴の中にその姿を具現していると考えた．そこで，これらの記号や象徴の体系を比較検討し，そこに反映している認識や思考の様相を解明するために「民族心理学」を提唱したという（藤永, 1997）．しかし，その後の心理学は，ヴントの「実験心理学」を発展させる形で，「行動主義」の心理学が主流となった．「行動主義」の心理学では，人

間のこころは客観的な観察ができない仮説構成概念とされ，そのため，直接的な研究対象とせず，刺激と反応など客観的に観察可能な行動のみに研究の焦点を当てた．その中では，十分に統制された条件下で行動が観察され，文化的な文脈も統制すべき変数となっていた．このように心理学の舞台では，「文化とこころ」の関係を扱う研究領域は，周辺的な役割をもつにすぎなかった．

1960 年代に入ると，「文化とこころ」の研究を担っていた文化人類学の領域で「文化とパーソナリティ学派」の研究は，衰退していく．その原因は，文化とパーソナリティ学派では，こころと文化の同型性を前提とし，文化内の個人差をあまり考慮に入れなかったこと，また，特定の文化の中での社会化のプロセスを通して文化とこころの同型性が形成されるという一方向の影響を想定していた点などが批判されたことにある．

文化とパーソナリティ学派への批判が高まると同時に，他方では，文化とこころの関連について，学際的関心が高まった（星野, 1984）．文化人類学的な立場からだけでなく，社会心理学や，精神医学・神経科学などの立場から，文化とこころの関連についての研究が発表されるようになってきた．社会心理学や発達心理学を背景とする研究者たちは，文化とこころの相互関連性を強調する文化心理学を提唱するようになった．特に，Markus と Kitayama（1991）の文化的自己観の理論は，その後，多くの実証的研究を生んできた．現在では，さらに，それらの文化的差異がどこから生まれるのかという点について，社会生態学的観点からの研究や遺伝子や神経科学の分野からの研究も展開されている（石井, 2014; Kitayama, & Uskul, 2011; Oishi & Graham, 2010; 竹村・結城, 2014; 山岸, 1998）．

文化心理学では，西洋の文化と東洋の文化を比較する研究が多く実施されている．その中では，文化をとらえる代表的な枠組みとして，個人と集団の関係に焦点を当て，個人を優先する欧米の文化と集団を優先する東洋の文化という構図が多い．現在，この分野で多くの影響を与えている研究として，Markus と Kitayama（1991）によって提唱されえた文化的自己観の理論や，Nisbett ら（Peng & Nisbett, 1999; Nisbett, 2003）によって指摘される西洋の分析的思考と東洋の包括的思考という思考様式の違いの理論が挙げられる．

Markus と Kitayama（1991）の理論や Nisbett ら（Peng & Nisbett, 1999; Nisbett,

2003）の理論は，Triandis ら（Triandis, 1995; Triandis & Gelfand, 1998; Triandis & Gelfand, 2012; Triandis, et. al., 1990 等）の個人主義—集団主義という枠組みにより，東洋と西洋を比較することを下敷きにしている（Greenfields, 2000）。Triandis らは，西洋は個人主義の価値観が優勢であるのに対し，東洋は集団主義の価値観が優勢であると主張している。個人主義—集団主義は，①自己観，②目標，③対人関係，④規範という点について異なっているとされる。個人主義は，①独立的自己観をもち，②個人的な目標を重視し，③交換理論による関係維持を重視し，④社会的行動においては自分の態度を重視するとされている。一方，集団主義は，①相互依存的自己観をもち，②個人的な目標より内集団の目標を重視し，③交換理論による関係維持よりも集団の関係を重視し，④自分の態度より規範を重視するとされている。

　個人主義—集団主義という次元は，比較文化的研究で示されてきた西洋と東洋の違いを説明する軸として広く使用されるようになった。そして，その枠組みの中で，西洋の相互独立的自己観と東洋の相互協調的自己観（Markus & Kitayama, 1991）という次元や，西洋の分析的思考と東洋の包括的思考（Peng & Nisbett, 1999; Nisbett, 2003）という対比がなされている。本書では，そのような枠組みの中で語られる日本人の特徴について，検討したい。

　本書で取り上げるのは，主に，Markus と Kitayama（1991）の理論と Nisbett（Peng & Nisbett, 1999; Nisbett, 2003）の理論である。本書で取り上げる日本人の特徴を説明する理論を簡単に説明する。

1-2.　文化心理学の代表的な理論的枠組み

　文化心理学では，こころは普遍的なものではなく，文化の影響を受けながら形成されていると考える。最近では，東洋と西洋の文化やこころの違いを記述する研究だけではなく，その違いがどこから生まれてくるのかという点からの研究も進められてきている。驚くことに，遺伝子文化共進化理論のように，最近では，今まで報告されてきたこころの文化差に対応するような形で，セロトニンやドーパミンなど脳内物質に関連した遺伝子やオキシトシンに関連した遺

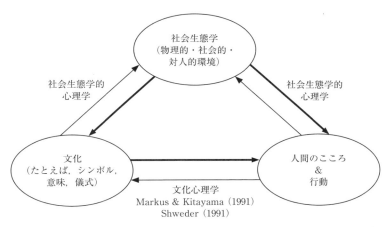

Figure1-1 文化，社会生態学，心理学（Oishi & Graham, 2010, p.357 より）
図中の文化は，「歴史的に派生し，選択されてきた思想やそれが慣行，慣習，所産に具現化されている明示的な，また，暗黙のパターン」を指す（Adams & Markus, 2004, p.341）.

伝子の分布の違いが存在することも報告されている．このような分布の違いがあるからといってこころが遺伝子によって決まってしまうというわけではなく，「共進化」ということが重要である．ある民族が居住する地域の生態環境に適した社会制度や社会規範が生まれ，その中で生きる個人がその制度や規範に適応する行動を選択する．その結果，その文化にふさわしい行動をとる遺伝子が生き残る．そして，その遺伝子による行動をとる人間の集団が環境を生み出すという「共進化」のプロセスがあるという．また，その中で重要となる考え方が，社会生態学的アプローチである．社会生態学的アプローチでは，自然環境や社会的習慣に適応するようにこころの性質が発達し，そのような個人のこころの性質が集合的に環境をつくり出していると考える．この社会生態学的アプローチを進めている Oishi と Graham（2010）は，こころと文化の関連性について，Figure 1-1 のように説明している．自然環境や社会環境などの社会生態学的環境は，そこに暮らす人がその環境に適応するために特定の文化を形成し，また，その環境に適応するために個々のこころや行動を直接的に形作る．さらに，社会生態学的な環境に適応するために形作られた特定の文化は，その文化に生きる人々のこころや行動の発達を規定すると考える．それぞれ，

Table 1-1 文化的自己観の主な特徴

相互独立的自己観 （アメリカなど西洋）	相互協調的自己観 （日本など東洋）

自我の境界が明確 場面に関係なく個人の自我が発揮される 個人の内的原因による行動 自己高揚的動機	自我の境界が不明確 その場の状況に応じて個人の自我が発揮される 行動に対する外的要因の影響が大きい 自己批判的動機

※　Markus & Kitayama, 1991; 北山, 1998 等から作成.

逆方向の影響も考えている．本書では，Figure 1-1 の底辺の部分，日本文化とそこに暮らす日本人のこころの関係のみを扱う．そのような特徴がどこから出現するのかという点については，本書ではふれていない．

　文化心理学の代表的な理論として，Markus と Kitayama（1991 等）の文化的自己観の理論がある．Markus と Kitayama は，西洋の個人主義的文化と東洋の集団主義的文化では，その背後にある「人間観」や「自己観」が異なると考えた．そして，それがその文化に生きる人のさまざまな社会的認知に影響を及ぼすと考えた（北山, 1994, 1998; 北山・唐澤, 1995 等）．この自己観は，西洋の個人主義的文化の中でみられる相互独立的自己観と，東洋の集団主義的文化にみられる相互協調的自己観という軸である．Table 1-1 に示すように，個人主義的な文化の中にみられる相互独立的自己観は，自己が周囲の他者と明確な境界で区別され，相互に独立している．そのような自己観では，個人を規定するのはその個人に備わった内的な属性であり，自己を取り巻く状況に影響されずに，内的な属性を発揮していくことが期待される．一方，集団主義の文化にみられる相互協調的自己観では，自己は周囲の重要な他者と境界が重なり合っており，自己と他者の心理的な境界が不明瞭である．そして，重要な他者との関係

の中で自己が形成され，発揮されるとしている．このような自己観は，社会的認知や社会的行動に幅広く影響することが考えられ，現在まで，この自己観に立った研究が数多く蓄積されてきている．

　文化とこころの関係を考えるもう一つの重要な理論は，Nisbettら（Peng & Nisbett, 1999; Nisbett, 2003）の思考様式の文化差に関する理論である．これは，Markusらが自己観（人間観）をもとに文化とこころの関係を考えたのに対し，この世界をどうとらえるかという世界観の違いを基盤としていると考えられる．Nisbettらによれば，西洋では世界を分析的にとらえる方法（分析的思考）がとられるのに対し，東洋では世界を包括的にとらえる方法（包括的思考）がとられるという．複雑な世の中をとらえるために，西洋では事実そのものに内在する不変の本質をとらえ，それに基づいて因果関係を見極めることが重要とされる．一方，儒教や仏教などの考え方の影響を受ける東洋では，世界は変化に満ちたものとしてとらえられ，そこに起きる事象の矛盾を受け入れながら，包括的に調和のとれた理解をすることが重要とされている．このような変化と矛盾を受け入れる思考のパターンについて，素朴弁証法（naïve dialectics）という言葉を用いて説明している．東洋人にみられる素朴弁証法の特徴を，①矛盾の原則，②変化の原則，③全体論の原則としている．

　本書では，この2つの理論でいわれている相互協調的自己観をもち，包括的思考をするという日本人の認知の特徴を検討する．

1-3. 日本人は集団主義的か

　このような研究の中で，日本人は集団主義で相互協調的自己観をもち，関係性志向であると仮定されることが多い（Chiu, et. al., 2000 等）．しかし，日本人を集団主義的であるとみなすことには疑問を示す研究も少なくない．さまざまな研究をレビューした結果，欧米人と日本人を含む東アジア人を比較すると，個人主義・集団主義はほとんど異ならないという報告もある（Oyserman, et. al., 2002; 高野・纓坂, 1997; Takano & Osaka, 1999）．

　これに対して，比較文化的研究の方法論に疑問をもつ研究者もいる．たとえ

ば，Heine ら（2002）は，比較文化研究でリッカートタイプの質問紙を使用する問題点を指摘した．調査対象者が質問紙に回答するときに，比較対象として考えるグループが異なることが仮説どおりの結果を得られない原因だと考える．たとえば，日本人が質問紙に回答するときには，暗黙のうちに平均的日本人と自分を比較して質問に回答する．平均的日本人が集団主義的であるのなら，その中で自分を個人主義的に回答する傾向が強くなるというのである．Heine ら（2002）は，このような比較対象グループの効果を統制した結果，仮説どおり日本人はカナダ人より集団主義的であるという結果を得ている．

　また，Noguchi（2007）は，集団主義─個人主義を測定するために，多くの研究で使用されている INDCOL 尺度（Triandis, 1995）の質問項目の問題を指摘している．Noguchi（2007）は，個人主義─集団主義の次元のうち，予想どおりの文化差が観察されないのは，特に集団主義の次元である（Oyserman, et. al., 2002）と指摘している．そのことについて，Baumeister と Leary（1995）は，所属の欲求という基本的な欲求からの説明をしている．すなわち，人間にとって，所属の欲求は基本的であるので，北米でも他者との相互依存の感覚は強い．そのため，北米と東洋を比較したとき，集団主義の軸では差が少なくなるという．北米では同時に個人主義的な側面をもっているため，個人主義の軸では予想どおりの差が出現するという．しかし，Noguchi（2007）は，INDCOLの集団主義（相互依存的自己）を測定する内容に疑問を呈した．Noguchi（2007）は，他者の行動を観察する際に，西洋人は個人の行動の原因をその人の内的な要因（個人の能力，性格等）に求める傾向が強いのに対し，東洋人は西洋人に比較して外的要因（状況）の影響を高く見積もるというように，原因帰属のスタイルにおいては，文化差が認められていること（Morris & Peng, 1994; Choi, et. al., 1999）を指摘している．このことから，社会的認知において，西洋では内的情報（個人の属性等）を利用するのに対し，東洋では外的情報（状況等）を利用すると考えた．しかし，INDCOL には，そのような側面を測定する項目が含まれていないことから，人間関係の中で，個人の内的情報（自分の視点）を用いるのか，外的情報（他者の視点）を用いるのかという視点を反映した新たな項目を作成した（Noguchi, 2007）．これらをアメリカ人と日本人に実施し，他者への懸念，他者優先，自分優先の3因子を得た．日米の大学生の比較では，他

者への懸念はアメリカ人に比べて日本人が高いが，他者優先も自分優先も，アメリカ人が日本人より高いことが示された．「他者が幸せなとき，自分も幸せか」など他者優先の項目は，オリジナルの INDCOL の集団主義を測定する項目と類似している．そのような側面では，アメリカ人は日本人より，他者を優先する集団主義的側面が高くなるが，「自分のことを他の人がどう考えているか心配する」などの他者への懸念は，日本人のほうが高いことが示された．このことは，個人主義―集団主義の次元上で実際に文化差があったとしても，測定内容によっては文化差として出現しない可能性を示しており，個人主義―集団主義の次元，特に，集団主義の内容分析が重要であることを示している．

　本書では，第1章で INDCOL を使用した日本人の集団主義の特徴を，また，第2章でことわざの分析を通して日本文化に伝わる集団主義の内容を分析する．

1-4. 日本人の集団主義的価値観の特徴――独自の因子の抽出

　筆者らは，Singelis ら（1995）によって開発され，仲栄真ら（1997）によって和訳された INDCOL 尺度を，日本人大学生 584 名に実施した（Isaka, et. al., 2003）．オリジナルの INDCOL 尺度は，個人主義―集団主義という次元に，人間関係のあり方が垂直的か水平的か，という次元を組み合わせた4因子が想定され，Triandis と Gelfand（1998）により，実際にアメリカ，韓国で想定された4因子が抽出されていた．それらは，①個人が他者との比較のうえで，優位に立つことや競争を重視する「垂直的個人主義（VI: Vertical Individualism）」，②個人が他者から区別され独自性を認められることを重視する「水平的個人主義（HI: Horizontal Individualism）」，③個人が集団に対して従属的な関係であることを重視する「垂直的集団主義（VC: Vertical Collectivism）」，④個人が集団と協調的な関係を保つことを重視する「水平的集団主義（HC: Horizontal Collectivism）」である．Isaka ら（2003）は，日本人大学生に INDCOL を実施して，これらの4因子に加えて新たな因子を抽出し，「協調と競争を通した自己利益の維持（Maintenance of Self-Interests through Cooperation and Competition: MSICC）」と名づけた．この因子は，オリジナルの INDCOL で VI の項目（「他

の人が自分よりうまく遂行するとき，イライラする」等）や HI の項目（「自分の成功は能力があるからだ」），また，VC の項目（「所属集団の他者〈家族，友達，同僚等〉と意見が合わないと嫌だ」）などに因子負荷量が高く，個人主義—集団主義の両方，また，水平的関係—垂直的関係のどちらにも関連する因子と考えられた．この因子は，個人と集団との関係においては，内集団から独立せず（集団主義的），個人の利益享受を第1に考える（個人主義的）状態を示しており，個人と集団の境界や協調と競争の境界があいまいなことを示していると考えられる．

　一方，Briley と Wyer（2001）は，香港とアメリカで INDCOL を実施し，オリジナルの INDCOL の4因子に新たな因子を加えた，5因子を得ている．彼らは，この第5の因子について「他者が自分より優れていないこと（not being outperformed by others）」ととらえている．

　Isaka ら（2003）や Briley と Wyer（2001）で，同じ INDCOL を用いて第5の因子を得たということは，集団主義—個人主義と垂直的—水平的という2次元の他に，文化によって第3の次元が存在する可能性を示している．この第5の因子が，その文化を特徴づける独自の因子である可能性がある．

1-5.「協調と競争を通した自己利益の維持（MSICC）」の特徴（研究1）

　Isaka ら（2003）や Briley と Wyer（2001）が抽出した因子は，香港や日本など東洋では，西洋文化に広く認められる集団主義—個人主義と垂直的—水平的という2次元ではとらえきれない特徴がある可能性を示している．そして，それこそがその文化を特徴づける側面である可能性が高い．そこで，日本で得られた第5の因子について，他の尺度との関係で，その特徴を探った研究を紹介する．これは，この研究の共同研究者の一人，鎌田晶子（現・文教大学人間科学部教授）が中心に行ったものである．

　Isaka ら（2003）では，MSICC について，他者との協調と競争の境界があいまいな状態の中で，他者からの評価というフィードバックを求める点で，相互協調的自己観と関連すると考察している．本研究では，まずその点について，高田（2000）の相互独立的—相互協調的自己観尺度を用いて検証する．さらに，

MSICC の特徴を自己意識，共感，そして，認知欲求という点からとらえていく．

　MSICC は，Briley と Wyer（2001）の第 5 因子と異なり身近な他者（内集団）との関連で，単に他者が自分より優れていないことだけでなく，自発的・積極的な他者に対する対抗意識に基づいていると考えられる．このような対抗意識は，比較対象である周囲の他者に注意を向けやすく，周囲から自分自身がどのように見られているかということに関心が高いと考えられる．このような特徴は，Fenigstein ら（1975）の考える自己意識の 2 側面のうち，公的自己意識の高さにつながると考える．Fenigstein ら（1975）は，自分自身に対して注意を向けやすい傾向について，自分の外見や他者に対する行動のような，外から見える自己の側面に注意を向ける「公的自己意識」と，自分の内面や気分などのような外からは見えない自己の側面に注意を向ける「私的自己意識」があるとしている．この考え方は，広く受け入れられ，現在まで，さまざまな研究に用いられている．

　また，MSICC では，他者から自分がどのように見られているかということに関心が高いと想定している．そうであればそれは，自己意識だけではなく，他者への「共感」にも関連すると考えられる．Davis（1983）は，共感は 1 次元ではなく，認知的側面と情動的側面から考える必要があると考えた．彼は，共感の認知的側面として他者の立場に立ってものごとを考えることのできる「視点取得」を考えた．また，小説・映画・演劇などの架空の人物と同一視する「空想」を考え，共感の情動的側面として，他者に対して同情や配慮をする「共感的配慮」，対人的緊張場面における不安や動揺を指す「個人的苦悩」を考えた．共感はこれらの 4 次元によって構成されているとしている．他者から見られる自分に関心をもつという「協調と競争を通した自己利益の維持」から考えられる共感性は，共感の認知的側面である「視点取得」との関連性は高いが，情動的側面である「共感的配慮」とは関連しないと考えられる．

　最後に，このような MSICC の認知プロセスを考える．認知欲求（need for cognition; Cacioppo & Petty, 1982）は，さまざまな社会的認知や感情，対人関係の研究の中で，個人差をとらえる指標として広く使用されてきた．認知欲求は，普段からさまざまな情報を考慮したり，考えることを楽しんだりする欲求とされ，関連のある情報を積極的に収集し，認知的活動に従事する傾向を示

す．その結果，外見などの表面的な情報を重視する傾向や独断性は低くなり，ものごとの本質を追求しようとするため，セルフモニタリングなどの社会的比較についての関心も低いとされている（Cacioppo, et. al., 1996）．MSICC では，他者から見られている自分に関心が高いことを考えると，認知欲求の低さと関連すると考えられる．

　また，その認知について，Bar-Tal ら（1997）は，抽象的な心理表象を用いて自己や環境を認識しようとする欲求の強さ（認知的構造化欲求）と，その欲求の水準に見合うだけの構造化を実現する能力（認知構造化能力）という概念を提唱している．認知的構造化欲求が高い場合は，認知構造化能力の高さは，既存知識と相容れない情報を避けたり，既存の認知構造に合うように情報を組織化する能力を示す．また，認知的構造化欲求の低い場合は，認知構造化能力の高さは，すべての利用可能な情報を体系的に包括する能力を示す（浦, 1999）．MSICC は，他者との比較に関心があると考えられるが，その比較のためには外的基準が必要である．そのために，自ら進んで明確な外的基準を探索するという構造化の欲求が高いと考えらえる．一方で，その評価については他者依存的なため，評価軸は揺らぎやすいと考えられ，意思決定後にも，その決定が正しかったかどうか考える傾向が強いことが予想される．これらは，認知構造化能力の低さと関連すると考えられる．

〖方法〗

1）調査対象者

　大学生 271 名（男性 115 名，女性 154 名，性別不明 2 名）．

2）調査尺度

（1）INDCOL 尺度

　Singelis ら（1995）が開発し，仲栄真ら（1997）が和訳した INDCOL を用いた．この尺度は，Isaka ら（2003）で使用され，集団主義―個人主義，水平的

関係─垂直的関係の2次元の組み合わせによる4因子に加えて，第5の因子，MSICC の因子を得たものである．

(2) 相互独立的─相互協調的自己観尺度

高田（2000）の相互独立的─相互協調的自己観尺度短縮版を使用した．高田ら（1996）は，自己の相互独立性と相互協調性を別次元に位置すると考え，相互独立性として「個の認識・主張」と「独断性」の2因子，相互協調性として「他者への親和・順応」と「評価懸念」の2因子からなる20項目の尺度を作成した．本研究では，その後作成された10項目の短縮版を使用した．

(3) 自己意識尺度

Fenigstein ら（1975）が開発し，菅原（1984）によって作成された日本語版を使用した．「公的自己意識」（11項目）と「私的自己意識」（10項目）により構成されている．

(4) 多次元共感測定尺度

Davis（1983）によって作成され，桜井（1988）によって日本語版が作成された多次元共感測定尺度の4つの下位尺度の中から，「視点取得」（7項目）と「共感的配慮」（7項目）を使用した．

(5) 認知欲求尺度

Cacioppo と Petty（1982）が作成した尺度に基づき，神山・藤原（1991）が作成した日本語版を使用した．45項目のうち，予備調査（調査人数231名：男性54名，女性177名）の結果に基づき，因子負荷量の高い5項目を採用した．

(6) 認知的構造化欲求尺度，認知構造化能力尺度

浦（1999）によって和訳された尺度を使用した．認知的構造化欲求尺度18項目，認知構造化能力尺度19項目のうち，予備調査（認知欲求尺度の予備調査と同時に実施，調査対象者231名）の結果に基づき，因子負荷量の高い7項目を採用した．

3) 手続き

INDCOL 尺度は，Isaka ら（2003）に従い，「強く反対（1）」から「強く賛成（9）」の9段階評定とした．他の尺度は，「当てはまらない（1）」から「当てはまる（5）」の5段階評定とした．

調査票の施行は，講義の終了後に集団式で行った．

〔結果と考察〕

1) INDCOL 尺度の結果

Isaka ら（2003）に従って27項目を用いて，5因子による因子分析（主因子法，エカマックス回転）を行ったところ，2項目を除いて同様の因子構造が認められた．これら2項目においても，Isaka ら（2003）において認められた因子への負荷量が十分に高かったことから，本研究の結果を Isaka ら（2003）の因子構造を採用して解釈することが可能であると考えられた．Table 1-2 に本研究で得られた INDCOL の因子分析結果を示す．

Isaka ら（2003）に従って，各尺度（VI, HI, VC, HC, MSICC）に対して因子負荷量の高い項目を用いて下位尺度を構成した．反転項目の処理を行った後，各項目を単純加算し尺度得点とした．各尺度の平均値と標準偏差を，Isaka ら（2003）とともに，Table 1-3 に示す．本研究の平均尺度得点と Isaka ら（2003）の平均尺度得点について，t 検定を行ったところ，すべての尺度について，有意差は認められなかった．

2) MSICC と他の尺度の相関

実施したすべての尺度について，反転項目の処理を行った後，各尺度の項目を単純加算して尺度得点を算出した．INDCOL の5因子と各尺度の相関をTable 1-4 に示す．

Table 1-2　本調査の因子分析結果（5因子・主因子法・エカマックス回転・N=271）

		HC	VI	VC	MSICC	HI	h²	Isakaら (2003)
HC	他の人と協力するときいい感じがする	0.74	-0.01	0.04	0.01	0.11	0.56	1 HC
HC	自分にとっての喜びは，他の人と一緒に過ごすことである	0.70	-0.14	0.03	0.13	0.03	0.55	1 HC
HC	わずかなものでも隣人と分かち合うことが好きだ	0.58	-0.13	0.16	0.13	0.22	0.45	1 HC
HC	同僚の幸せは，自分にとって重要である	0.52	0.12	0.18	-0.38	0.11	0.47	1 HC
HC	所属集団の調和を保つことは，自分にとって重要である	0.48	0.08	0.10	0.18	-0.13	0.29	1 HC
HC	同僚が賞をもらったなら，誇りに感じるだろう	0.43	0.16	0.20	-0.38	0.06	0.40	1 HC
HC	幸せとは，自分のまわりの人の幸せに非常に依存している	0.41	-0.17	0.23	-0.08	0.10	0.26	2 VC
VI	競争は自然の法則である	0.09	0.73	0.03	0.05	0.15	0.57	3 VI
VI	勝つことがすべてである	-0.09	0.54	0.01	0.34	-0.03	0.41	3 VI
VI	ある人々は勝つことを重視するが，自分はその中の一人ではない	0.05	-0.53	0.08	-0.27	0.11	0.37	-3-VI
VI	競争抜きのよい社会はありえない	0.01	0.49	-0.04		0.25	0.25	3 VI
VI	他人と競争するような雰囲気で仕事をするのが楽しい	0.00	0.48	0.12	0.15	0.25	0.34	3 VI
HI	自分のプライバシーを好む	-0.13	0.24	-0.03	0.01	0.09	0.08	1 -HC
VC	その行動がイヤだとしても，家族の喜ぶことをする	0.01	-0.07	0.63	0.05	-0.07	0.41	2 VC
VC	年老いた両親を自宅で扶養すべきである	0.08	-0.01	0.60	0.02	0.23	0.42	2 VC
VC	家族が賛成しないならば，楽しんでいる活動を犠牲にするだろう	0.03	-0.19	0.58	0.18	-0.16	0.43	2 VC
VC	もし親が名誉ある賞を受けたならば，子どもは親を誇りに感じるべきだ	0.09	0.15	0.50	0.00	0.21	0.33	2 VC
HC	もし親戚が経済的に苦しければ，自分の収入の範囲内で手助けするつもりだ	0.14	0.08	0.50	0.00	0.13	0.29	2 VC
VC	自分の所属する集団（家族，会社等）の利益のために自分の興味を犠牲にする	0.28	0.01	0.42	0.09	-0.25	0.32	2 VC
VI	他の人が自分よりうまく遂行するとき，イライラする	0.00	0.15	0.02	0.67	0.02	0.47	5 MSICC
VI	他の人よりもうまく仕事をこなすことは，自分にとって重要である	0.07	0.32	0.17	0.56	0.07	0.46	5 MSICC
VI	他の人が自分よりうまくこなすとき，緊張し奮起する	0.21	0.21	0.15	0.44	0.15	0.33	5 MSICC
VC	所属集団内の他者（家族，友達，同僚等）と意見が合わないと嫌だ	0.33	-0.09	0.20	0.35	-0.16	0.30	5 MSICC
HI	多くの点で，ユニーク（独特）で他人と違っていたい	0.05	0.15	0.08	0.04	0.66	0.47	4 HI
HI	自分はユニーク（独特）な個人である	0.05	0.01	0.00	-0.04	0.52	0.28	4 HI
HI	人と話をするとき，単刀直入で率直でありたい	0.23	-0.02	0.05	0.07	0.32	0.16	4 HI
HI	私はしばしば"自分のしたいこと"をする	-0.06	0.28	0.01	0.00	0.28	0.16	4 HI
説明分散（%）		12.99	9.72	5.84	4.72	3.23	36.50	

Table 1-3 本調査と Isaka ら (2003) の個人主義—集団主義尺度の
尺度得点の平均値と *SD*

	本研究の結果 ($n=271$)	Isaka ら (2003) ($n=531$)
水平的集団主義 (HC)	5.57 (1.07)	6.15 (1.08)
垂直的集団主義 (VC)	5.15 (1.16)	5.48 (1.06)
水平的個人主義 (HI)	6.49 (1.40)	6.19 (1.05)
垂直的個人主義 (VI)	5.05 (1.13)	4.93 (1.38)
協調と競争を通した 自己利益の維持 (MSICC)	5.47 (1.34)	5.51 (1.20)

※ ( ) 内の数値は *SD* を示す.

(1) MSICC と相互独立的—相互協調的自己観

MSICC は，「他者への親和・順応」とは弱い相関（$r=.24, p<.05$），「評価懸念」とは中程度の相関（$r=.43, p<.01$）を示した．MSICC は，相互協調的自己観と関連が高いことが示された．特に「評価懸念」との関連が強く，MSICCが高い者は，相互協調的自己観が高く，特に他者からどのように評価されているのかを気にする傾向が強いことが示された．「個の認識・主張」「独断性」という相互独立的自己観とは，無相関であった．

(2) MSICC と自己意識

MSICC と「公的自己意識」との間には，中程度の相関（$r=.57, p<.001$），「私的自己意識」とは，相関係数は有意ではあるものの，非常に小さくほぼ相関がみられなかった（$r=.13, p<.05$）．MSICC が高い者は，公的自己意識が高く，他者から見られる自分への意識が強いことが示された．

(3) MSICC と共感

MSICC と他者に対する共感の認知的側面である「視点取得」との間には，相関係数は有意ではあるものの非常に小さい負の相関（$r=-.13, p<.05$），「共感的配慮」との間には，有意傾向の非常に小さい相関（$r=.10, p<.10$）が示された．これらの相関係数の値は，非常に小さく関連はほぼないと考えてよい．視点取得はむしろ HC と弱い相関（$r=.22, p<.001$）を，共感的配慮は HC（$r=.43,$

第 1 章 日本の集団主義と個人主義

Table 1-4 尺度間相関係数

			HI	VI	HC	VC	MISCC
自己観	個の認識・主張	r	0.32	0.27	-0.10	0.06	-0.07
		p	0.00	0.00	0.26	0.49	0.40
		N	126	126	126	126	126
	独断性	r	0.26	0.27	-0.26	-0.01	-0.04
		p	0.00	0.00	0.00	0.89	0.65
		N	126	126	126	126	126
	他者への親和・順応	r	-0.11	-0.19	0.25	0.08	0.24
		p	0.21	0.04	0.01	0.38	0.01
		N	125	125	125	125	125
	評価懸念	r	-0.03	-0.02	0.06	0.24	0.43
		p	0.77	0.80	0.49	0.01	0.00
		N	126	126	126	126	126
自己意識	公的自己意識	r	-0.02	0.08	0.13	0.17	0.57
		p	0.77	0.17	0.03	0.01	0.00
		N	265	265	265	262	265
	私的自己意識	r	0.24	0.08	0.00	-0.07	0.13
		p	0.00	0.18	0.95	0.25	0.04
		N	270	270	270	267	270
共感	視点取得	r	0.09	0.00	0.22	0.09	-0.13
		p	0.14	0.94	0.00	0.16	0.04
		N	270	270	270	267	270
	共感的配慮	r	0.10	-0.16	0.43	0.41	0.10
		p	0.11	0.01	0.00	0.00	0.09
		N	267	267	267	264	267
認知欲求		r	0.11	0.06	-0.19	-0.10	-0.14
		p	0.20	0.50	0.02	0.25	0.11
		N	141	141	141	138	141
認知構造化欲求		r	-0.06	0.27	0.25	0.15	0.49
		p	0.50	0.00	0.00	0.08	0.00
		N	144	144	144	141	144
認知構造化能力		r	0.17	-0.09	0.02	-0.21	-0.47
		p	0.05	0.29	0.82	0.01	0.00
		N	143	143	143	140	143

※ r は相関係数, p は有意確率, N は人数を示す.

$p<.001$), VC（$r=.41, p<.001$）と中程度の相関を示した．つまり，集団主義的傾向をもつ者ほど，共感が高くなる傾向があるが，MSICC は共感とはほぼ無関係であった．

（4）MSICC と認知傾向

MSICC と「認知欲求」とは，無相関（$r=-.14, n.s.$），「認知的構造化欲求」とは中程度の相関（$r=.49, p<.001$），「認知構造化能力」とは中程度の負の相関（$r=-.47, p<.001$）を示した．MSICC は考えることを好むかどうかという欲求とは直接的に関係がないが，あいまいさを嫌いその場に応じた基準をつくることを好む傾向（認知構造化欲求の高さ）と関連があり，しかしながら自分の作成した評価軸についてあれこれと悩みやすい傾向（認知構造化能力の低さ）と関連することが示唆された．MSICC は認知欲求の低さと関連する，つまり負の相関があると予想されたが，本研究の結果は，MSICC と認知欲求との間に関連を認められなかった．認知欲求はセルフモニタリングなど社会的比較に関する測度と負の相関があることが報告されている（Cacioppo, et. al., 1996）．MSICC は，他者から見られる自分に関心が高いが，それはものごとを考えることを楽しむなどの認知的欲求とは関係なく，評価懸念のような感情的側面と関連が強いことが示唆された．

これらの結果をまとめると，MSICC は相互協調的自己観，公的自己意識と関連し，他者から悪い評価を受けたくないという性質と関連すると考えられる．そして，その場に応じて他者と自己の比較基準を明確にすることを好むが，自分の行った決定については自信がもてないという傾向が強いことが明らかになった．このような傾向は，従来の集団主義的価値観をもつ者と類似している側面もあるが，共感性のように集団主義的価値観との関連性が高い特性が，MSICC とは関連がみられないなど，従来の集団主義とは異なる心理的特性を示すことが明らかになった．MSICC という新たな因子を含めた文化的価値観の解釈が必要であることが確認された．

1-6. 総合的考察

　文化とこころの相互関連性を想定する文化心理学で，日本人を含めた東洋人は，集団主義的で，相互協調的自己観をもち，包括的思考をするとされている．現在の文化心理学が基盤としている東洋と西洋の比較というのは，Triandis らの個人主義─集団主義を出発点とする．日本人は集団主義的かということに関しては，それを支持する見方も，支持しない見方もあった．本研究は，個人主義─集団主義という次元とは異なる次元を加えることで，その問題への回答を得ようとする試みである．現在の文化心理学で提唱されている概念は，西洋対東洋という軸の中で，その特徴を対比させている．その考え方自体が，西洋文化の分析的思考を反映していないだろうか．このような次元で文化やその文化に生きる人の心性をとらえることは，文化とこころの関係という大きな枠組みをとらえるうえでは重要である．しかし，一方で，個々の文化を理解する場面では，その文化に特有な価値観に注目することも重要と考える．

　本研究で得られた第 5 の因子，第 3 の軸は，「協調と競争」という他者との関係で矛盾する様態を包括的にとらえ，内集団から独立していないが個人の利益を追求するという，個人主義でも集団主義でもない価値観である．このような側面に注目し，さらにこのような日本人の自己のあり方を探求するエミックな視点を提供したい．

　※　研究 1 は，平成 13 ～ 15 年度科研費補助金基盤研究（C）「日本的文化が社会的
　　　認知に及ぼす効果の検討─個人主義・集団主義を超えた第 3 の視点─」（研究課
　　　題番号 1310180，研究代表者　伊坂裕子）の補助を受け，鎌田晶子（現・文教大学
　　　人間科学部教授）が中心に行ったものである．

第2章

ことわざにみる
個人と集団の関係についての価値観の検討

2-1. ことわざの収集と分類 (研究2-1)

　社会に伝わる文化的伝統やその社会の社会的行動等を調べるために，「ことわざ」を利用する方法がある (穴田, 2008; 宮, 2013 等). ことわざは，何世代にもわたって，伝えられた経験を短い言葉で表したものであり，その社会に伝わる文化的価値観を伝えるものと考えられる. 穴田 (2008) は，ことわざ研究の一つの領域として，「ことわざをデータとして (用いて) 研究する」ことで，人間の社会的行動や相互作用・社会現象・文化的事象を研究することができるとしている.

　ことわざを用いて個人主義—集団主義の価値観を研究したものに，Ho と Chiu (1994) がある. Ho と Chiu (1994) は，さまざまな研究をレビューした結果，個人主義—集団主義に 18 の要素を考えることができることを示している. それらの 18 要素は，「価値観」「自律性・同調」「責任」「成果」「自己信頼」の 5 つの領域に分類できる. また，社会組織を 8 つの側面で考え，それぞれに統合的組織—非統合的組織の次元を考えることができることを示している (Table 2-1-2 参照). そして，Ho と Chiu (1994) は，香港社会に伝わる価値観を調査するために，中国のことわざをこれらの個人主義—集団主義の各側面を用いて分類した.

　Ho と Chiu (1994) では，対象とされた 20,799 のことわざのうち，379 が個人主義—集団主義を表現し，79 が社会組織を表現していた. これらの 458 のことわざのうち，52.8％が集団主義を，47.2％が個人主義を表現していたが，個人主義—集団主義の側面別にみるとより複雑であることが示された. それらをまとめると次のようになる. ①自己信頼では，個人主義を肯定することわざも集団主義を肯定することわざも多い. ②成果に関しては，集団主義を肯定することわざや個人主義を否定することわざが多い. ③責任では，集団主義を肯定することわざが最も多いが，個人主義を肯定することわざも多い. ④自律性・同調では，集団主義を肯定することわざと個人主義を否定することわざが多い. ⑤価値観では，個人主義を肯定することわざが多い. ⑥社会組織に関することわざでは，葛藤・調和と自己中心性・愛他性を表現したものが圧倒的に

多く，調和が強調され，葛藤は否定され，愛他性が強調される．しかし，その一方で，自己中心性を肯定し，愛他性を否定するものも存在する．このように，中国に古くから伝わることわざの中でも，集団主義的な価値観だけではなく，個人主義的な価値観が伝えられていたことを示した．香港社会は，中国などの東洋の影響とイギリスなどの西洋の影響を受け，集団主義と個人主義の両方を標榜している．古くから伝承されてきたことわざの中でも，集団主義的な価値だけでなく，個人主義的な価値は伝えられているということを示している．このことは，香港社会の中で集団主義・個人主義の両方の価値観が混在する理由は，社会が集団主義的社会から個人主義的社会に移行する時期だからというわけではないことを示していると考察している．

　本研究では，日本に伝わる「ことわざ」の分析を通して，日本文化の中で伝えられてきた個人主義・集団主義・「協調と競争を通した自己利益の維持」の特徴を明らかにする．

〖方法〗

1）ことわざの収集

　『慣用ことわざ辞典』（小学館，1988）に収録されている約 3,500 のことわざの中から信念を表現しているものを抽出した．そのうち，集団と個人の関係に関連する 323 のことわざを分析の対象とした．これらのことわざの抽出に関しても，後述する評定者 4 名と筆者の合意に基づいて，抽出作業が行われた．

2）ことわざの分析

（1）分類の枠組み

　Ho と Chiu（1994）が過去の研究から特定した個人主義・集団主義に関する 5 領域にわたる 18 要素，社会組織に関する 8 要素を分類の枠組みとした．Ho と Chiu（1994）は各要素について個人主義・集団主義の特徴を対立させた．本研究では，新たに「協調と競争を通した自己利益の維持」を加えた．ことわざ

Table 2-1-1　信念に関する分類の枠組みとその例

		個人主義 (I)	集団主義 (C)	協調と競争を通した自己利益の維持 (M)
価値観	個人／集団の価値	個人の内的価値：基本的な道徳原理は個人としての人間が最高で固有の価値をもつということ	集団や共同体が最上のものとされる：集団の価値、集団から生きることが個人の価値や個人が生き残ることより優越するという原理　先祖討ちで死にさせて高枕 (-)	人間関係の中での個人が最上のものとされる：良好な人間関係を形成することによって個人の価値が高まるという原理
	発達	自己実現：各人が自分の可能性を最大限発達させる：個人の自己発展・自己教育　人間到る処青山有り (+)	集団的発達と集団的実現　家に諌める子あれば其の家必ず正し (+)	人間関係を通した自己実現：個人の発展は人間関係に依存する　悪人の友を棄てて、善人の敵を招け (+)・背乗の交わり (+)
	個性／均質性	個性化・個性・個人のユニークさ　十人十色 (+)・出る杭は打たれる (-)	同質性・理想的・模範的努力への同調　朱に交われば赤くなる (+)	同質性を壊さない範囲でのユニークさの追求　癖ある馬に能あり (+)
	同一性	個人的同一性（個人の属性によって規定される）：自己概念によって規定される自我同一性　相手変われど、主変わらず　君子は屋漏に恥じず (+)	集合同一性（集団のメンバーであることによって規定される）　氏素性は争われぬもの (+)・子を見れば親がわかる (+)	他者から見て自分／人間関係によって規定される同一性　功主憎けりや袈裟まで憎い (+)・其の人を憎まば其の際背を憎む
自律性・同調	自己主張／同調	自己主張・自律性：個人が他に依存しない判断し、自己決定をする・非同調、自己主張、自己決まい　雉も鳴かずば撃たれまい (-)	社会や集団の規範への同調、従順、調和　千人の諾諾は一士の諤諤に如かず (-)・郷に入っては郷に従う (+)	自己主張は暗黙の了解・あうんの呼吸が中心、対立を避ける根回し　焦心あれば水心 (+)・言わぬが花 (+)
	プライバシーの権利	人は自分自身のことを気にするべき：プライバシーは尊重されるべき。個人は公的世界の中での私的存在という考え方。その中では自分が選択したことや考えたりすることを他人が害さない	個人のことはグループのことでもある：友人は互いの個人的なことに関心をもつべき。集団は個人が個人的なことをしたり考えたりすることを知ったり、規制をもっているという能力と権利をもっているという考え方：あるいは、個人が個人的なことにすることやや考えることとは公的に吟味されることによって決まるという考え方	個人的関係に依存する：プライバシーが尊重される互いの関係と、そうでない関係がある。お互いのプライバシーには直接的には立ちらず、あうんの呼吸で個人的なことを考慮する。
	個人的プライバシー	個人的なことは個人の中にとどめておく　財布の底と心の底は人に見せるな (+)	個人的なことも公にされてもよい。公的同情が引き出される：「世間」が正義を維持する　誘因される (-)	三人寄れば公界 (+)　個人的なことは人間関係を維持するために公にされることがある
	親和性	一人を好む：一人でいることに価値を置く	他人と一緒にいることを好む　地獄にも知る人 (+)・秋の鹿は笛に寄る (-)	他人と一緒にいることを好む

第2章　ことわざにみる個人と集団の関係についての価値観の検討

大分類	項目	個人主義的	集団主義的	統合的
責任	倫理的・法的責任	個人の責任：自分のすることに対して本人のみが責任を追う (+)・頭の上の蝿を追え (+)・身から出た錆 (+)／自業自得 (+)	連帯責任：そのことに関わりをもつ他人も責任をもつ。グループのメンバーの一人の行動に対してグループ全体が責任をもつ／一連托生 (+)	法的には自分のすることには本人のみが責任をもつ。倫理的にはそのことに関わりのある人が責任を共有する。社会的には誰なにに帰属される。
	行動の影響	個人の行動の結果はその個人にのみ影響する	個人の行動の結果はグループ全体に影響する。その人と関わりのある他の人も影響を受ける／一連托生 (+)	個人の行動の結果は、その人と関わりのある個人も影響を受ける
成果	個人的努力／集団的努力	自分のことは自分でする：一人の努力。個人の自発性を強調。他に依存しないことによる成果／天は自ら助くる者を助く (+)	一緒にすること：集団的努力はまとまり優れている	自分のことは自分でするが、自分に関係のある人は協力するのが当然という暗黙の了解
	競争・協調	鶏口となるも牛後となるなかれ (+)	世の中は相持ち (+)・杖とも柱とも頼む人に縋る (−)・船頭多くして船山に上る (−)「まとまりは力」一つの目標に万人の人、協調は目標達成のための最上の方法。同調による達成。	立っている者は親をも使え (+)／競争と協調の区別があいまい。協調しながら、競争も。競争する。
自己信頼	自己信頼／相互依存	自己信頼：個人の幸福は個人の責任。／竜口となるも午後となるなかれ (+)・借りて着す (+)・身につき着ける (+)	相互依存：個人の幸福はグループの幸福に依存する。グループはそのメンバーの幸福の責任を負う／世は相互互い (+)・情けが仇 (−)	同床異夢 (+)・呉越同舟 (+)／相互依存は、その人が形成する人間関係に依存する
	個人的利益・集団的利益	個人の欲求や利益を満足させること：行動は自分の利益によって導かれる（わが身をまず他人の利益を無視したり、良しとしたりすることを意味するわけではない）／人は我は我、身は我我、我田引水 (+)・我が身我が身 (+)・身に勝る宝をなし (+)	義務を満足させること。集団の目標が優先される。行動はグループの利益への配慮によって導かれる。／義を見てせざるは勇なきなり (+)・義理奉公 (+)・山よし命は鴻毛より軽し (+)	愛嬌有縁 (+)・牛に引かれて善光寺参り (+)／個人の欲求や利益は、集団の目標が優先されるように満足させられる。行動はグループの利益への配慮によって導かれる。
	安全	安全は個人の力の中に求められるべき	安全は集団の結束と完全性の中に求められるべき	親しき仲に礼儀あり。君を思うら身を思う。／安全は人間関係の中に求められるべき
	経済的個人主義／集団主義	財産の個人的所有：個人の富は共有されない。報酬は個人の仕事の遂行に依存する	公的、あるいは共同所有義：富の共有：平等主義／親子の仲でも金は他人 (−)	寄らば大樹の陰 (+)／財産の個人所有：個人の富は共有されないが、報酬は平等に分配する
	政治的個人主義／集団主義	個人の欲求を満たす政治体制：個人に対する政治的支配を法に比べて2次的なものとする	国家の欲求を満たす政治体制にせよ、政党にせよ、政治した政治体制：個人の権利は共同体の特権に対して2次的される	個人の欲求を満たすための共同体の保護、共同体は個人の権利を保護することによって個人の欲求を満たす
	宗教的個人主義／集団主義	宗教的信念や救済を必要とする：個人と神との個人的関係が強調される	集団社会への参加：個人の救済は他の人の救済と結びついている。宗教的団体のメンバーとなることが本質。	宗教的信念や救済は個人的なものであるが、宗教的団体のメンバーとなることによって、神との関係を形成する

Table 2-1-1（つづき）

		個人主義 (I)	集団主義 (C)	協調と競争を通じた自己利益の維持 (M)
	集団の行動に対する責任	リーダーの責任：決定し命令する人の責任	グループ全体（すべてのメンバー）の責任．責任は共有される	執行部の責任（複数のリーダーの存在）
	集団の行動の影響	集団の行動は低階層の人や不利な立場の人に影響	船頭多くして船山に上る (−)	低階層の人に影響
	集団の幸福の責任	リーダー	グループ全体（すべてのメンバー）の責任．責任は共有される	執行部のリーダー（複数のリーダーの存在）
	自己中心性と愛他性	上荒み下苦しめば、勢い久しからず (−) 自分自身の利益を第一に考えたり、自分の利益だけしか考えない。（自分のグループのメンバーである限りはどうであっても）他人の利益を無視する (+) 欲の世の中	他人のことを考え、人情に左右される。自己利益によって動機づけられない	自分の利益を優先するが、それによって人間関係を壊さないようにする気遣い。根回し。
社会組織	公的モラルと市民的意識	公的モラルは相互の人間関係の配慮に対して2次的。市民的意識は強調されない	公的モラルが1次的。市民的意識の強調	公的モラルは2次的
	集団の規律	「粗い砂の山」集団の規律、組織、集団性がない	規律に縛られ、組織化され、結束や凝集性がある	規律は整備され、組織化されているが、その適用は人間関係に依存する
	葛藤／調和	葛藤を表現することが許容されている。葛藤は自然のことだとみなされる	調和を維持することの強調	調和を維持することが強調される
	忠誠心の位置	直接所属する集団（家族など）への忠誠心が優先される より大きな集団（国家）より優先される	より大きな集団に対する忠誠心が優先される 君辱めらるれば臣死す (+)・大義親を滅す (+)	直接所属する集団

を分類する基準として，個人主義・集団主義に関しては，Ho と Chiu（1994）
が示した各要素の個人主義・集団主義の記述を本研究でも利用した．「協調と
競争を通した自己利益の維持」については，新たに分類の枠組みとして各要素
の特徴を列挙した．分類の枠組みと分類されたことわざの例を Table 2-1-1
に示す．

（2） ことわざの分類

　各要素について，個人主義を肯定するもの（I+），否定するもの（I-），集団
主義を肯定するもの（C+），否定するもの（C-），「協調と競争を通した自己利
益の維持」を肯定するもの（M+），否定するもの（M-）の6つに分類した．し
たがって，（18+8）要素 ×6＝156 のセルができる．各ことわざは，156 のセル
のどれか一つに分類した．2つ以上の意味が考えられることわざは　主に使わ
れている意味を分類の基本とした．

（3） 評定者

　ことわざの分類は心理学科3年生4名と筆者が行った．分類に先立ち，個人
主義・集団主義・協調と競争を通した自己利益の維持について共通の理解を
得た．分類は『慣用ことわざ辞典』に解説されていることわざの意味に基づい
て，各人が別個に行い，意見の相違のあったものは話し合いで決定した．一つ
のことわざについて3名が分類を担当するよう配分した．当初の評定の一致率
は 76.3％，3名のうち2名の一致率は 95.2％であった．

〖結果と考察〗

　個人主義・集団主義の18要素を5側面に，社会組織については8要素を一
つに集約した，結果は Table 2-1-2 に示す．
　全体としては，集団主義を肯定する（C+）ことわざが多い（37.2％）．また，
集団主義の肯定（C+）と個人主義の否定（I-）を合計すると，全体の 47.7％と
なり，ことわざの中で最も多く語られてきた価値観は，集団主義的な価値観
であることが示唆された．しかしながら，個人主義を肯定（I+）することわざ

Table 2-1-2　各カテゴリーに分類されたことわざの数

		I+	I-	C+	C-	M+	M-	小計	この領域の割合（%）
価値観		30	18**	30**	0	28**	0	106	32.8
	%	28.3	17.0	28.3	0.0	26.4	0.0		
自律性・同調		3	6**	25**	2	10	0	46	14.2
	%	6.5	13.0	54.3	4.3	21.7	0.0		
責任		17*	0	15	0	4	0	36	11.1
	%	47.2	0.0	41.7	0.0	11.1	0.0		
成果		9	2	9	6**	15*	0	41	12.7
	%	22.0	4.9	22	14.6	36.6	0.0		
自己信頼		20**	7	31**	8	10	0	76	23.5
	%	26.3	9.2	40.8	10.5	13.2	0.0		
社会組織		4	1	10**	3	0	0	18	5.6
	%	22.2	5.6	55.6	16.7	0.0	0.0		
列の合計		83	34	120	19	67	0	323	100.0
列の割合		25.7	10.5	37.2	5.9	20.7	0.0		

※　3種類の2変数のクロス集計における残差分析で, ** は $p<.01$, * は $p<.05$ を示す.
　　I：個人主義, C：集団主義, M：協調と競争を通した自己利益の維持, ＋：肯定, －：否定.

（25.7%）や協調と競争を通した自己利益の維持（M+）も多く（20.7%），日本の伝統的価値観においても必ずしも集団主義のみが強調されていたわけではない.

　集団主義的な価値観（C+）が多いのは，自律性・同調に関する信念を表現したことわざ（54.3%）や自己信頼についてのことわざ（40.8%），社会組織に関することわざ（55.6%）である.

　しかし，さらに詳細にみると，自己信頼に関しては，自己信頼か相互依存かという点では，「世は相見互い」などの集団主義が多いが，個人的利益か集団的利益かという点では「我田引水」などの個人主義が多い. すなわち，自己信頼に基づく行動より，相互依存に価値が置かれる一方，集団の利益を追求するより，個人の利益を追求する個人主義的価値観が多くみられる.

　また，価値観についての信念では，個人主義（28.3%），集団主義（28.3%），協調と競争を通した自己利益の維持（26.4%）がほぼ同率となり，特に発達に関しては，「朱に交われば赤くなる」など，個人の発達を強調するのでもなく，集団の発達を強調するのでもなく，対人関係を通して個人が発達すること

が強調される「協調と競争を通した自己利益の維持」を肯定することわざが最も多かった.

責任に関する信念を表したことわざでは，個人主義の肯定（47.2％）が最も多く，次いで集団主義の肯定（41.7％）で，伝統的な日本文化の中でも「身から出た錆」「自業自得」など個人主義的な考え方と「親の因果が子に報う」「親の光は七光り」など集団主義的な考え方の両者が見受けられる.

成果に関する信念では，「呉越同舟」「同床異夢」など協調と競争を通した自己利益の維持の肯定（36.6％）が最も多い.

以上のように，ことわざに伝わる日本の文化的価値観の中で，①自律性・同調，社会組織に関しては，集団主義的な価値を示すことわざが多いこと，②自己信頼に関しては，下位領域によって集団主義的な価値を示すことわざも，個人主義的な価値を示すことわざも多いこと，③責任に関しては，個人主義的な価値を示すことわざが，集団主義的価値を示すことわざよりもやや多いこと，④成果に関しては，協調と競争を通した自己利益の維持に関することわざが多いこと，⑤価値観については，個人主義・集団主義，協調と競争を通した自己利益の維持の3種の価値観がすべて同程度に多いことが示された.

Ho と Chiu（1994）による中国のことわざの分析では，成果，責任，自律性・同調に関することわざで集団主義的な価値観が多くみられ，自己信頼や価値観という側面で個人主義的な価値観が多くみられた．日本も中国も，自律性・同調という側面では集団主義的であるが，責任に関しては，やや集団主義的な価値観が多い中国に対して，日本はやや個人主義的な価値観が多く，また，成果に関して集団主義的な価値観が多い中国に対して，日本は個人主義でも集団主義でもなく，「協調と競争を通した自己利益の維持」が多いという違いがみられた．本研究では，「協調と競争を通した自己利益の維持」という新たな次元を加えたため，単純な比較はできないが，集団主義的な社会として同一にみられがちな中国と日本でも，特に「責任」や「成果」のとらえ方について，文化的に伝えられてきた集団主義の中身は異なっている可能性が示唆された.

また，Ho と Chiu（1994）では，20,799 のことわざを出発点とし，379 のことわざを分類の対象としている．本研究では，約 3,500 のことわざの中から選択した 323 のことわざを対象とした．出発点となることわざの数はかなり異なる

が，分類の対象としたことわざの数には，それほど大きな違いはなかった．しかし，これをもって日本のことわざには集団主義―個人主義に関連することわざの割合が多いというわけにはいかない．本研究で使用した，『慣用ことわざ辞典』は，日本で出版されている多くのことわざ辞典の中でも，コンパクトなものの一つである．「現代生活の中に生きてよく使われるものや，知識としてぜひ知っておきたいもの約 3,500 を選んで」編集されている．編集の過程で残ったことわざの中に本研究で研究対象となる集団主義―個人主義に関連することわざの割合が多かったということであろう．穴田（2008）は，そもそも「ことわざ」が何であり，その定義は何かということについて，多様であることを指摘している．格言や名言などを含めれば，ことわざは多種多様である．研究に使用したことわざ辞典の選び方によって，母体となることわざの数は異なる．さらに，穴田（2008）では，ことわざ辞典などに掲載されていることわざは，ごく一部であり，各市町村，地区，村などの小さな共同体単位で独特の「郷土のことわざ」があることを指摘している．本研究の結果は，比較的コンパクトなことわざ辞典で選択されている，現代人にも比較的なじみのあることわざの中で示されている価値観の分類と考えることが適切であると考える．

　また，本研究でことわざの分類作業にあたったのは，心理学を学習する大学生であった．若い大学生を分類の評定者として選定したのは，できるだけ客観的にとらえたことわざの意味の分類を行うためであった．個々のことわざには，個人的な経験を通して獲得された感情的な意味などが付随し，解釈にあたって，意味の個人差が大きいと考えた．本研究では，そのような個人的意味の影響をできるだけ小さくすることを心掛けた．評定者は，『慣用ことわざ辞典』に解説されている意味をもとに，ことわざの分類を行うことを教示された．その結果，分類の一致率が比較的高かったと考える．しかし，ことわざには，本来，辞書的に解説できない経験的な，また，感情的な意味なども含まれており，一部のことわざに関しては，評定者の年齢が異なれば，異なった分類となった可能性も否定できない．本研究の限界と考える．

　さらに，本研究では，集団主義・個人主義に加えて，「協調と競争を通した自己利益の維持」についても，ことわざを分類した．しかし，「協調と競争を通した自己利益の維持」は概念化が不明確な面があり，ことわざの分析にも影

第2章　ことわざにみる個人と集団の関係についての価値観の検討

響を与えた．「協調と競争を通した自己利益の維持」を否定することわざが一つも分類されなかったことの一因となっている．しかし，ことわざの中には，「呉越同舟」や「情けは人の為ならず」など，個人主義・集団主義のどちらに分類してよいかわからない信念を表現しているものが存在する．今後，この因子の特徴をさらに明確にすることが望まれる．

　ことわざの分析を通して見る日本文化の価値観は，「東洋」の「集団主義」的な文化をもつとされ，日本と同様と考えられている中国の価値観とは，やや異なることが示された．日本社会の中で伝統的に伝えられてきた価値観は，集団的な価値によって社会組織が構成され，自己主張や自律性より集団への同調が優先され，自己信頼に基づく行動より相互依存が優先される．一方，集団の利益より個人の利益が優先され，集団や対人関係の中で個人が発達していくことに価値を見出し，責任に関しては個人主義的な価値観と集団主義的な価値観が混在し，協調と競争が入り混じって成果をあげることが強調されていることが示唆された．

2-2. ことわざ尺度を用いた日本人大学生の価値観の研究（研究2-2）

　研究2-1では，日本社会に古くから継承されてきたことわざを分類し，日本文化には，集団主義的価値観と同時に，個人主義的価値観や「協調と競争を通した自己利益の維持」に関連する価値観などが受け継がれてきたことを示した．これは，社会の中で伝えられてきた，いわば社会的表象としての価値観である．そのような社会の中で育つ個人は，社会的表象としての価値観の影響を受けるものの，必ずしも社会で優勢な価値観と一致した価値観をもつわけではない．本研究では，現代日本の大学生がこれらの文化的価値を示すことわざにどの程度賛成するかを調査し，また，他の尺度との関連を検討することを目的とした．

　研究2-1では，『慣用ことわざ辞典』（小学館, 1988）を用いてことわざの分類をしたが，評定者となった大学生が知らなかったことわざ，意味を誤解していたことわざが多数存在していた．『辞典』の中に掲載されていても，日常生活

37

の中ではすでに活用されなくなっていることわざも存在する．一方で，ことわざは本のタイトルになったり，新聞・雑誌等の見出しに使用されたり，また，年長者の講和の中でも引用されることが多く，座右の銘として人生の指針となったりする．そこで，本研究では，ことわざに反映されている現代日本の大学生の，個人主義，集団主義，協調と競争を通した自己利益の維持に関する価値観の内容を明確にすることを目的とする．

　ことわざを用いて，個人主義―集団主義の価値観を研究した Ho & Chiu (1994) は，香港社会に伝わる価値観を調査するために，分類したことわざの中から 35 項目を選択し，香港の大学生にそれぞれのことわざの示す価値観にどの程度賛成するかを評定させた．主成分分析の結果，「自己信頼」「自己利益（経済的個人主義）」「協調」の 3 成分を得た．彼らはさらに，これらの 3 因子を用いて尺度を構成し，Hui (1988) の INDCOL 尺度，中国価値調査（Chinese culture connection, 1987）とともに香港の大学生に実施した．その結果，香港の大学生は「自己信頼」と「協調」の両方が高く，「自己信頼」は「自己利益（経済的個人主義）」「協調」と正の相関をもつが，「自己利益（経済的個人主義）」は「協調」と相関しないことを示した．また，集団主義的な傾向は相手によって異なり，友人・同僚には集団主義的であるが，配偶者・親戚・隣人にはそうではないことが示された．以上のことから，個人主義・集団主義は背反するものではなく，一人の人間が個人主義的で同時に集団主義的にもなりうると主張している．

〖方法〗

1) 調査参加者

　心理学の授業を受講する心理学科以外の大学生 274 名（男子 143 名，女子 130 名，性別不明 1 名）．

2) 手続き

　次の 3 種の質問紙を同時に行った．質問紙を回答する順番は調査参加者によりカウンターバランスをとった．

(1) ことわざ評定尺度

　研究 2-1 で分類したことわざの中で，心理学科の大学 4 年生 4 名の意見を参考にしながら，現在の大学生が意味を理解していると思われることわざを選んだ．その中から，ことわざ分類の各側面にまたがるように 36 のことわざを選んだ．それぞれのことわざの意味を示したうえで，各ことわざをどの程度理解していたか，「知らない」「意味を誤解していた」「聞いたことはある」「よく知っている」の 4 段階で評定させた．同時に，各ことわざの示す信念にどの程度同意するか「まったくそう思わない」から「とてもそう思う」までの 7 段階で評定させた．

(2) INDCOLN 尺度

　Isaka ら（2003）の INDCOLN 尺度を用いる．この尺度は Singelis ら（1995）が開発し，仲栄真ら（1997）が和訳した 32 項目の INDCOL 尺度に新たに「協調と競争を通した自己利益の維持」を測定する 6 項目を加え，38 項目の INDCOLN 尺度としたものである．新たに追加した 6 項目は次のとおりである．
・「出る杭は打たれるので，集団の中で目立つことは避けたほうがよい」
・「他者（家族，友達，同僚等）から嫌われないことは重要である」
・「他者（家族，友達，同僚等）から認められることは重要である」
・「自分の主張を通すためには，日頃からよい人間関係をつくっておくことが重要である」
・「自分が成功するための鍵はよい人間関係を形成することである」
・「他の人に自分の意見を押しつけるのはよくない」

　評定の方法は，それぞれの項目にどの程度賛成するか，「強く反対」から

「強く賛成」までの9段階尺度で示す.

　他の調査（調査対象者406名：男性214名，女性191名，性別不明1名）で，「協調と競争を通した自己利益の維持」，集団主義，個人主義の3次元が得られることが確認されている.

(3) 独立・相互依存的自己理解尺度

　Markus & Kitayama（1991）が提唱した「相互独立的自己観」と「相互協調的自己観」の概念に従って木内（1995）が作成した尺度を利用した．この尺度は，相互独立・相互協調的自己観に基づく行動を16の対にして，自分の行動に当てはまるものを4件法で選択させるものである．回答は相互協調的（依存的）自己理解にぴったりと当てはまるものを4点，どちらかといえば相互協調的（依存的）自己理解に当てはまるものを3点，どちらかといえば相互独立的自己理解に当てはまるものを2点，相互独立的自己理解にぴったりと当てはまるものを1点として計算される．相互協調的（依存的）自己理解の程度が，16点から64点の範囲で示される.

〖結果と考察〗

1) ことわざの意味認知

　使用した36のことわざについて，どの程度意味を知っているかを評定した結果をTable 2-2-1に示す．「よく知っている」と回答した人数が多い順にことわざを示している．80%以上の学生が「よく知っている」と回答したことわざは，「十人十色（88.0%）」と「親しき仲に礼儀あり（86.5%）」の2つのみである．60%以上の学生が「よく知っている」と回答したことわざは10にすぎない．60%以上の学生が「知らない」と回答したのは，「内閣魔の外恵比寿（81.0%）」「髪結い髪結わず（80.3%）」「頭の上の蝿を追え（66.8%）」「一蓮托生（60.2%）」の4つであった．また，「誤解をしている」という回答が最も多かったのは「情けは人の為ならず（9.9%）」であった．「頭の上の蝿を追え（5.5%）」「因果応報（5.1%）」「人は人我は我（5.1%）」も意味の誤解がやや多かった.

40

第2章　ことわざにみる個人と集団の関係についての価値観の検討

Table 2-2-1　ことわざの意味認知

			知らない	誤解	聞いたことはある	よく知っている	無回答	合計
1	十人十色	度数	10	4	16	241	3	274
		%	3.6	1.5	5.8	88.0	1.1	100.0
2	親しき仲に礼儀あり	度数	11	5	14	237	7	274
		%	4.0	1.8	5.1	86.5	2.6	100.0
3	子を見れば親がわかる	度数	22	8	25	217	2	274
		%	8.0	2.9	9.1	79.2	0.7	100.0
4	身から出た錆	度数	32	7	26	202	7	274
		%	11.7	2.6	9.5	73.7	2.6	100.0
5	郷に入っては郷に従う	度数	36	4	30	199	5	274
		%	13.1	1.5	10.9	72.6	1.8	100.0
6	この親にしてこの子あり	度数	34	10	41	185	4	274
		%	12.4	3.6	15.0	67.5	1.5	100.0
7	出る杭は打たれる	度数	36	7	47	182	2	274
		%	13.1	2.6	17.2	66.4	0.7	100.0
8	親の光は七光り	度数	52	13	26	177	6	274
		%	19.0	4.7	9.5	64.6	2.2	100.0
9	三人寄れば文殊の知恵	度数	56	5	35	172	6	274
		%	20.4	1.8	12.8	62.8	2.2	100.0
10	情けは人の為ならず	度数	29	27	41	168	9	274
		%	10.6	9.9	15.0	61.3	3.3	100.0
11	遠くの親戚より近くの他人	度数	48	1	54	163	8	274
		%	17.5	0.4	19.7	59.5	2.9	100.0
12	言わぬが花	度数	51	10	46	160	7	274
		%	18.6	3.6	16.8	58.4	2.6	100.0
13	血は争えない	度数	30	13	71	153	7	274
		%	10.9	4.7	25.9	55.8	2.6	100.0
14	長い物には巻かれろ	度数	59	3	55	152	5	274
		%	21.5	1.1	20.1	55.5	1.8	100.0
15	人は人我は我	度数	65	14	37	150	8	274
		%	23.7	5.1	13.5	54.7	2.9	100.0
16	芸は身を助ける	度数	73	6	44	145	6	274
		%	26.6	2.2	16.1	52.9	2.2	100.0
17	虎の威を借る狐	度数	53	8	67	141	5	274
		%	19.3	2.9	24.5	51.5	1.8	100.0
18	人事を尽くして天命を待つ	度数	41	6	78	141	8	274
		%	15.0	2.2	28.5	51.5	2.9	100.0
19	旅は道連れ世は情け	度数	34	9	90	134	7	274
		%	12.4	3.3	32.8	48.9	2.6	100.0

Table 2-2-1 （つづき）

		知らない	誤解	聞いたことはある	よく知っている	無回答	合計
20 我田引水	度数	70	4	76	115	9	274
	%	25.5	1.5	27.7	42.0	3.3	100.0
21 朱に交われば赤くなる	度数	98	2	58	114	2	274
	%	35.8	0.7	21.2	41.6	0.7	100.0
22 因果応報	度数	66	14	80	108	6	274
	%	24.1	5.1	29.2	39.4	2.2	100.0
23 老いては子に従え	度数	89	12	68	100	5	274
	%	32.5	4.4	24.8	36.5	1.8	100.0
24 我思う故に我あり	度数	95	11	76	89	3	274
	%	34.7	4.0	27.7	32.5	1.1	100.0
25* 立っている者は親でも使え	度数	130	10	39	87	8	274
	%	47.4	3.6	14.2	31.8	2.9	100.0
26* 人はその友によって知られる	度数	134	2	43	87	8	274
	%	48.9	0.7	15.7	31.8	2.9	100.0
27* 呉越同舟	度数	135	7	46	79	7	274
	%	49.3	2.6	16.8	28.8	2.6	100.0
28* 沈黙は金	度数	156	9	39	64	6	274
	%	56.9	3.3	14.2	23.4	2.2	100.0
29* 坊主憎けりゃ袈裟まで憎い	度数	157	10	42	60	5	274
	%	57.3	3.6	15.3	21.9	1.8	100.0
30* 船頭多くして船山に上る	度数	156	8	46	57	7	274
	%	56.9	2.9	16.8	20.8	2.6	100.0
31* 寄らば大樹の陰	度数	147	9	54	57	7	274
	%	53.6	3.3	19.7	20.8	2.6	100.0
32* 一蓮托生	度数	165	9	47	43	10	274
	%	60.2	3.3	17.2	15.7	3.6	100.0
33* 魚心あれば水心	度数	132	8	86	41	7	274
	%	48.2	2.9	31.4	15.0	2.6	100.0
34* 頭の上の蠅を追え	度数	183	15	46	24	6	274
	%	66.8	5.5	16.8	8.8	2.2	100.0
35* 内閣魔の外恵比寿	度数	222	5	16	24	7	274
	%	81.0	1.8	5.8	8.8	2.6	100.0
36* 髪結い髪結わず	度数	220	4	19	23	8	274
	%	80.3	1.5	6.9	8.4	2.9	100.0

※ 「聞いたことはある」「よく知っている」を合計して 50% 未満のことわざを分析の対象から除いた.
　　* は分析から除外したことわざを示す.

第2章　ことわざにみる個人と集団の関係についての価値観の検討

　心理学科の大学生の意見を参考にして現代の大学生の知っていそうなことわ
ざを選択したが，調査対象者の大学生は，ことわざをあまり知らない様子が示
された．ことわざを選択したときの大学生の意見では，受験勉強で知ったこと
わざが多く含まれていた．しかし，実際に調査を行った学部では推薦入学によ
る入学者が半数以上を占めており，受験勉強を行っていなかったことが予想以
上にことわざを知らなかったことにつながったのかもしれない．

　「聞いたことはある」と「よく知っている」の回答を合計して 50 ％未満のこ
とわざについては，分析の対象から除くこととした．12 のことわざが削除さ
れ，24 のことわざが以降の分析の対象となった．

2) ことわざへの同意

　ことわざに同意する程度を「とてもそう思う」を 7 点，「まったくそう思
わない」を 1 点として得点を求めた．各ことわざへの同意の程度の平均値
を Table 2-2-2 に示す．最も強い同意を示したのは「十人十色（$M=6.61$）」
であった．7 段階評定の中間点 4 点未満であったことわざは「我田引水
（$M=3.88$）」「人は人我は我（$M=3.82$）」「この親にしてこの子あり（$M=3.56$）」
「老いては子に従え（$M=3.28$）」であった．さまざまな価値観を示すことわざに

Table 2-2-2　ことわざに同意する程度（$N=274$）

	平均値	標準偏差		平均値	標準偏差
十人十色	6.61	0.858	虎の威を借る狐	4.74	1.692
親しき仲に礼儀あり	6.32	1.157	親の光は七光り	4.65	1.695
旅は道連れ世は情け	5.89	1.205	因果応報	4.64	1.448
朱に交われば赤くなる	5.78	1.322	我思う故に我あり	4.58	1.414
芸は身を助ける	5.73	1.369	出る杭は打たれる	4.53	1.594
身から出た錆	5.69	1.372	子を見れば親がわかる	4.41	1.922
三人寄れば文殊の知恵	5.46	1.585	長い物には巻かれろ	4.25	1.591
人事を尽くして天命を待つ	5.31	1.656	血は争えない	4.06	1.600
郷に入っては郷に従う	5.18	1.494	我田引水	3.88	1.598
遠くの親戚より近くの他人	5.11	1.529	人は人我は我	3.82	1.859
情けは人の為ならず	5.09	1.597	この親にしてこの子あり	3.56	1.963
言わぬが花	4.79	1.515	老いては子に従え	3.28	1.605

Table 2-2-3　ことわざ因子結果（主成分分析・バリマックス回転，*N*=274）

	独立的自己	他力本願	親子関係	自己利益の追求	他者との融合	h²
芸は身を助ける	0.635	0.067	0.107	0.163	0.004	0.446
十人十色	0.579	-0.170	-0.182	0.135	0.160	0.442
三人寄れば文殊の知恵	0.547	0.025	0.107	0.030	0.317	0.412
親しき仲に礼儀あり	0.534	0.272	-0.078	0.020	-0.017	0.365
我思う故に我あり	0.459	0.033	0.137	-0.187	-0.031	0.267
旅は道連れ世は情け	0.419	0.188	-0.091	0.261	0.079	0.294
出る杭は打たれる	0.081	0.669	0.026	-0.065	-0.033	0.460
人事を尽くして天命を待つ	0.277	0.517	0.066	0.019	0.192	0.386
長い物には巻かれろ	-0.136	0.500	-0.013	0.193	-0.208	0.350
朱に交われば赤くなる	0.248	0.479	0.004	-0.032	0.198	0.332
虎の威を借る狐	-0.155	0.428	0.109	0.271	0.047	0.295
身から出た錆	0.304	0.399	-0.020	0.270	0.388	0.475
この親にしてこの子あり	-0.012	0.015	0.773	0.088	-0.183	0.639
子を見れば親がわかる	0.192	-0.051	0.748	-0.027	-0.050	0.603
血は争えない	-0.031	0.097	0.667	0.050	0.113	0.471
老いては子に従え	-0.321	0.186	0.375	0.109	0.246	0.351
我田引水	-0.126	0.192	0.042	0.621	-0.294	0.527
郷に入っては郷に従う	0.167	-0.043	0.097	0.561	0.081	0.360
因果応報	-0.023	0.114	-0.043	0.525	0.461	0.504
遠くの親戚より近くの他人	0.097	-0.043	-0.028	0.497	-0.021	0.260
親の光は七光り	0.029	0.291	0.147	0.488	-0.16	0.371
人は人我は我	-0.035	-0.037	0.155	0.235	-0.631	0.480
情けは人の為ならず	0.330	0.045	0.187	0.032	0.527	0.425
言わぬが花	0.350	0.337	0.048	0.049	-0.376	0.376
説明分散（％）	10.070	8.265	8.109	7.844	6.910	41.199

どちらかといえば同意をしているものが多かった．

　ことわざへの同意評定に基づいて主成分分析を行ったところ，因子の固有値のスクリーンプロットと解釈可能性を考慮して5因子構造が示唆された．バリマックス回転を行った結果を Table 2-2-3 に示す．

　第1因子は，「芸は身を助ける」「十人十色」「我思う故に我あり」など個人主義的価値観を表すことわざと，「三人寄れば文殊の知恵」「旅は道連れ世は情け」など集団の協力による成果を表すことわざ，また，「親しき仲に礼儀あり」など競争と協調を通した自己利益の維持を表すことわざにも因子負荷量が

高い．集団の協力による成果を認めることわざも，独立した自己の存在を示すことわざであるため，「独立的自己」と名づけた．これらは水平的個人主義の概念に通じると考えられる．

第2因子は，「出る杭は打たれる」「人事を尽くして天命を待つ」「長い物には巻かれろ」などのことわざの因子負荷量が高く，他者との関係や運命に依存した自己実現のあり方を表現しており，「他力本願」と名づけた．協調と競争を通した自己利益の維持の概念に通じると考えられる．

第3因子は，「この親にしてこの子あり」「子を見れば親がわかる」「血は争えない」など親子関係を表現することわざの因子負荷量が高く，「親子関係」と名づけた．垂直的集団主義の概念に通じると考えられる．

第4因子は，「我田引水」「郷に入っては郷に従え」「因果応報」など「自己利益の追求」を表現することわざの因子負荷量が高い．垂直的個人主義の概念に通じると考えられる．

第5因子は，「人は人我は我」はマイナス，「情けは人の為ならず」はプラスの因子負荷量をもっており，「他者との融合」を表現していると考えられる．水平的集団主義の概念に通じると考えられる．

各因子に対して因子負荷量の高かった項目について，反転項目の処理を行った後，単純加算し，その尺度の尺度値とした．その結果を他の尺度値とともにTable 2-2-4 に示す．高い順に「独立的自己（$M=5.75$）」「他力本願（$M=5.04$）」

Table 2-2-4　各尺度の平均

	平均値	標準偏差
ことわざ因子1（独立的自己）	5.75	0.77
ことわざ因子2（他力本願）	5.04	0.88
ことわざ因子3（親子関係）	3.82	1.21
ことわざ因子4（自己利益の追求）	4.70	0.91
ことわざ因子5（他者との融合）	4.56	0.92
INDCOLN因子1（協調的人間関係）	6.46	1.00
INDCOLN因子2（水平的個人主義）	6.45	0.99
INDCOLN因子3（垂直的個人主義）	5.42	1.07
INDCOLN因子4（水平的集団主義）	6.11	1.16
INDCOLN因子5（垂直的集団主義）	4.29	1.27
相互協調的自己理解得点	42.12	7.20

「自己利益の追求（$M=4.70$）」「他者との融合（$M=4.56$）」「親子関係（$M=3.82$）」
であった．本尺度は同意の程度を7段階で評定しているので，「親子関係」に
関しては「どちらでもない」4点より平均値が低いが，残りの4尺度について
は「どちらでもない」よりは同意しており，本研究の参加者は，さまざまなこ
とわざの価値観に同意していることが示された．

　ことわざを使用した価値観尺度の分析でも，個人主義―集団主義尺度と対応
するような5因子を得たことは興味深い．

3）INDCOLN 尺度

　評定値に基づき，主成分分析による因子分析の結果，5因子構造が示唆さ
れ，バリマックス回転を行った．結果を Table 2-2-5 に示す．

　第1因子は，「他者（家族，友達，同僚等）から認められることは重要であ
る」，「他者（家族，友達，同僚等）から嫌われないことは重要である」など新た
に加えられた項目を中心に「協調的人間関係」を示す項目の因子負荷量が高
い．

　第2因子は，「多くの点でユニーク（独特）で他人と違っていたい」「自分の
プライバシーを好む」など自己の独立や競争を示す項目の因子負荷量が高く，
「水平的個人主義」と考えられる．

　第3因子は，「勝つことがすべてである」「他の人よりもうまく仕事をこなす
ことは，自分にとって重要である」など垂直的個人主義を示す項目の因子負荷
量が高く，「垂直的個人主義」と考えられる．

　第4因子は，「同僚の幸せは自分にとって重要である」「幸せとは自分のまわ
りの人の幸せに非常に依存している」など自分にとって重要である同等の他者
との協調的関係を示す項目の因子負荷量が高く，「水平的集団主義」と考えら
れる．

　第5因子は，「家族が賛成しないならば，楽しんでいる活動を犠牲にするだ
ろう」「自分の所属する集団（家族，社会等）の利益のために自分の興味を犠牲
にする」など集団に自己を従属させる項目の因子負荷量が高く，「垂直的集団
主義」と考えられる．

Triandis & Gelfand（1998）がINDCOL尺度で得た4因子に，新たに「協調的人間関係」の因子を加えた5因子が抽出された．「協調と競争を通した自己利益の維持」の因子を抽出することはできなかったが，新たに得られた「協調的人間関係」は，「協調と競争を通した自己利益の維持」の中で，集団主義的な側面が強調された因子と考えられる．しかし，この因子は各尺度との相関を見ると，後述するように単純に集団主義的な協調的人間関係を表現しているわけではない．

各因子に対して因子負荷量の高かった項目について，反転項目の処理を行った後，単純加算し，その尺度の得点とした．他の尺度とともに平均値をTable 2-2-4に示した．平均値の高い順に「協調的人間関係（$M=6.46$）」「水平的個人主義（$M=6.45$）」「水平的集団主義（$M=6.11$）」「垂直的個人主義（$M=5.42$）」「垂直的集団主義（$M=4.29$）」であった．この尺度は賛成の程度を9段階で評定しているので，「垂直的集団主義（$M=4.29$）」は「どちらともいえない」中間点よりやや反対を示している．集団を優先し，自己を集団に従属させるような垂直的な集団主義には賛成できないが，「協調的人間関係」は重視するという日本的な集団主義が示唆されている．

4）独立・相互依存的自己理解尺度

木内（1995）に従って，反転項目の処理をした後，相互協調的（依存的）自己理解得点を算出した．男女別の結果をTable 2-2-6に示す．男子大学生の平均は41.09，女子大学生の平均は43.22で女子大学生のほうが男子大学生より相互協調的自己理解が有意に高かった．木内（1995）（大学生：男子38.60，女子41.14；社会人：男子37.88，女子42.18）と比較すると，本研究のほうが男女ともにやや相互協調的自己理解が高い傾向であった．

5）各尺度の関係

各尺度の尺度得点の相関を示したのが，Table 2-2-7である．
相互協調的自己理解得点は，INDCOLNの垂直的集団主義因子に弱い正の

Table 2-2-5 INDCOLN尺度因子分析結果（主成分分析・バリマックス回転，$N=274$）

	協調的人間関係	水平的個人主義	垂直的個人主義	水平的集団主義	垂直的集団主義	h^2
他者（家族，友達，同僚）から認められることは重要である	0.678	0.202	0.239	0.103	-0.083	0.575
他者（家族，友達，同僚）から嫌われないことは重要である	0.647	0.03	0.160	0.069	0.000	0.450
所属集団内の他者（家族，友達，同僚）と意見が合わないと嫌だ	0.587	-0.087	-0.102	-0.085	0.115	0.384
自分の主張を通すためには、日頃からよい人間関係をつくっておくことが重要である	0.568	0.373	0.091	0.163	-0.020	0.497
所属集団の調和を保つことは、自分にとって重要である	0.536	0.101	-0.011	0.300	0.242	0.446
他の人と協力するときいい感じがする	0.532	0.102	0.013	0.368	-0.296	0.517
わずかなものでも隣人と分かち合うことが好きだ	0.485	-0.023	0.039	0.466	-0.186	0.489
長期の旅行をする前には、家族や友人に相談する	0.481	0.005	-0.148	-0.017	0.163	0.280
他の人に自分の意見を押しつけるのはよくない	0.421	0.263	-0.350	-0.068	-0.162	0.400
子どもは、楽しみの前に義務があることを教えられるべきである	0.345	0.261	0.195	0.028	0.155	0.250
人は、他者から独立して自分の人生を生きるべきである	-0.315	0.302	0.250	0.012	0.122	0.268
多くの点で、ユニーク（独特）で他人と違っていたい	0.012	0.590	-0.020	0.126	-0.302	0.456
自分のプライバシーを好む	0.175	0.580	0.012	-0.101	-0.046	0.380
自分はユニーク（独特）な個人である	0.017	0.569	0.008	0.034	-0.166	0.353
自分が成功するための鍵はよい人間関係を形成することである	0.452	0.519	0.038	0.079	-0.095	0.490
競争は自然の法則である	0.054	0.511	0.413	0.129	-0.580	0.455
競争抜きのよい社会はありえない	-0.072	0.506	0.387	-0.008	0.066	0.415
私はしばしば自分のしたいことをする	0.146	0.441	0.137	0.194	-0.405	0.436
自分の身に起こることは、自分自身のしたことである	-0.016	0.435	0.073	0.326	0.123	0.316
自分の成功は能力があるからだ	-0.091	0.433	0.127	-0.162	0.272	0.312
もし親が名誉ある賞を受けたならば、子どもは親を誇りに感じるべきだ	0.240	0.386	0.149	0.211	0.072	0.279
人と話をすると単刀直入でありたい	0.133	0.331	-0.065	0.246	0.034	0.193

勝つことがすべてである	0.075	0.078	0.741	-0.116	0.037	0.576
ある人々は勝つことを重視するが、自分はその中の一人ではない	0.176	0.099	-0.693	0.048	0.005	0.524
他の人よりもうまく仕事をこなすことは、自分にとって重要である	0.384	0.281	0.608	-0.011	0.093	0.605
他人と競争するような雰囲気で仕事をするのが楽しい	-0.232	0.180	0.604	0.126	-0.083	0.474
他の人が自分よりもうまく遂行するとき、イライラする	0.314	-0.010	0.482	-0.140	-0.127	0.367
他の人が自分よりもうまく仕事をこなすとき、緊張し奮起する	0.191	0.221	0.443	0.067	-0.074	0.292
同僚の幸せは、自分にとって重要である	0.112	0.169	-0.137	0.730	0.026	0.594
同僚が賞をもらったなら、誇りに感じるだろう	-0.019	0.272	-0.165	0.621	-0.027	0.488
もし親戚が経済的に苦しければ、自分の収入の範囲内で手助けするつもりだ	-0.027	0.011	-0.043	0.595	0.084	0.363
幸せとは自分のまわりの人の幸せに非常に依存している	0.274	-0.061	-0.057	0.495	-0.003	0.327
自分にとっての喜びは、他の人と一緒に過ごすことである	0.310	-0.046	0.233	0.466	-0.156	0.394
年老いた両親を自宅で扶養すべきである	-0.07	0.041	0.132	0.405	0.038	0.190
家族が賛成しないならば、楽しんでいる活動を犠牲にするだろう	0.014	-0.030	0.042	-0.007	0.724	0.527
自分の所属する集団（家族、社会等）の利益のために自分の興味を犠牲にする	0.046	0.048	-0.093	0.064	0.549	0.319
その行動が嫌だとしても、家族の喜ぶことをする	-0.005	-0.066	0.081	0.341	0.531	0.409
出る杭は打たれるので、集団の中で目立つことは避けたほうがよい	0.253	-0.274	-0.074	-0.153	0.450	0.371
説明分散 (%)	10.412	9.027	8.097	7.687	5.457	40.679

Table 2-2-6　相互協調的自己理解得点

	度数	平均値	標準偏差
男子	139	41.09	7.45
女子	130	43.22	6.78
合計	269	42.12	7.20

※　男女の平均値の差は $p<.005$ で有意.

相関（$r=.358, p<.01$），水平的個人主義に弱い負の相関（$r=-.309, p<.01$）を示した．INDCOLN の協調的人間関係との相関係数は $r=.241$（$p<.01$）で，相関係数の有意性は認められるものの，相関が高いとはいえない．相互協調的自己理解は，集団主義的価値観と結合して語られることが多い．集団に自己を従属させ，自己より集団を優先する垂直的集団主義と相互協調的自己観の相関がみられることは従来の考え方と一致している．しかし，INDCOLN の水平的集団主義（$r=.043$）とは相関がみられず，新たな因子，協調的人間関係の因子との相関が低いことは，興味深い．集団主義の価値観と相互協調的自己理解は，関連はあるものの，必ずしも一致するものではないことが示されたといえよう．

　また，INDCOLN の新たな因子「協調的人間関係」は，従来の集団主義的な側面だけではなく，個人主義的な側面も内包する「協調と競争を通した自己利益の維持」の一側面であると考えることができる．この因子が中程度の相関を示したのが，ことわざの第 1 因子「独立的自己（$r=.354, p<.01$）」，INDCOLNの「水平的個人主義（$r=.384, p<.01$）」「垂直的個人主義（$r=305, p<.01$）」「水平的集団主義（$r=346, p<.01$）」であることからも，この因子は個人主義と集団主義の両側面をもつことが示唆されている．このような点から，「協調的人間関係」は「協調と競争を通した自己利益の維持」の一側面と考えることができよう．

　ことわざの「独立的自己」の因子は，INDCOLN の「協調的人間関係（$r=.354, p<.01$）」「水平的個人主義（$r=.380, p<.01$）」「水平的集団主義（$r=.310, p<.01$）」と中程度の正の相関を示した．日本文化の中で，個人主義とも集団主義とも通じる「独立的自己」に関することわざが伝承されてきたことは，興味深い．

　ことわざの因子に関しては，「独立的自己」以外の因子は，INDCOLN の各因子と相関係数の有意性は示したものの，相関係数としては低く，相関がある

50

第2章　ことわざにみる個人と集団の関係についての価値観の検討

Table 2-2-7　各尺度間の相関係数

	ことわざ因子1	ことわざ因子2	ことわざ因子3	ことわざ因子4	ことわざ因子5	INDCOLN因子1	INDCOLN因子2	INDCOLN因子3	INDCOLN因子4	INDCOLN因子5	相互協調的自己理解
ことわざ因子1 (独立的自己)	1	0.384	0.101*	0.071**	0.248**	0.354**	0.380**	0.066	0.310**	0.119*	-0.006
ことわざ因子2 (他力本願)	0.384**	1	0.188**	0.333**	0.203**	0.284**	0.147**	0.258**	0.179**	0.157**	0.126**
ことわざ因子3 (親子関係)	0.101*	0.188**	1	0.171**	0.165**	0.091	0.146**	0.129**	0.087	0.193**	0.071
ことわざ因子4 (自己利益の追求)	0.171**	0.333**	0.171**	1	0.240**	0.230**	0.251**	0.281**	0.124**	0.039	0.006
ことわざ因子5 (他者との融合)	0.248**	0.203**	0.165**	0.240**	1	0.053	0.220**	0.080	0.047	-0.063	-0.037
INDCOLN因子1 (協調的人間関係)	0.354**	0.284**	0.091	0.230**	0.053	1	0.384**	0.305**	0.346**	0.091	0.241**
INDCOLN因子2 (水平的個人主義)	0.380**	0.147**	0.146**	0.251**	0.220**	0.384**	1	0.428**	0.254**	-0.156**	-0.309**
INDCOLN因子3 (垂直的個人主義)	0.066	0.258**	0.129**	0.281**	0.080	0.305**	0.428**	1	0.119*	-0.041	-0.093
INDCOLN因子4 (水平的集団主義)	0.310**	0.179**	0.087	0.124**	0.047	0.346**	0.254**	0.119*	1	0.074	0.043
INDCOLN因子5 (垂直的集団主義)	-0.119*	0.157**	0.193**	0.039	-0.063	0.091	-0.156**	-0.041	0.074	1	0.358**
相互協調的 自己理解得点	-0.006	0.126**	0.071	0.006	-0.037	0.241**	-0.309**	-0.093	0.043	0.043	1

※ **は相関係数が1％水準で有意（両側）、*は相関係数が5％水準で有意（両側）であることを示す.

といえるものはない．ことわざの示す価値観は，集団主義・個人主義とは異な
る独自の側面を表現しているといえるかもしれない．

　しかし，ことわざへの同意を尺度として用いた価値観の研究からも，日本文
化の中で，個人主義・集団主義の両側面が伝えられてきたこと，また，個人主
義・集団主義の両方と関連する「独立的自己」を表す価値観が伝えられてきた
ことが示されたことは，興味深い．日本人は，集団主義的価値観をもち，相互
協調的自己観をもっているとされているが，ことわざの中では，集団の中で他
者と相互に協調するために「独立的自己」をもつことが伝承されてきている．

　また，HoとChiu（1994）が示したように，日本人大学生もさまざまな価値
観を伝えることわざに共感しており，一人の人間が，個人主義的価値観と集団
主義的価値観，また，日本的な協調と競争を通した自己利益の維持につながる
価値観を同時にもっていることを示している．

　※　本章は，平成13〜15年度科研費補助金基盤研究（C）「日本的文化が社会的認
　　知に及ぼす効果の検討—個人主義・集団主義を超えた第3の視点—」（研究課題
　　番号1310180，研究代表者　伊坂裕子）の補助により行われた研究をもとに，さら
　　にデータを追加した．また，一部は，「伊坂裕子（2003）．日本文化における個人
　　と集団の関係についての価値観の検討—ことわざの分析より—　日本性格心理学
　　会大会発表論文集，108-109」に発表されている．

第3章

日本人の自己批判的自己認知
社会的関係モデル（SRM）を用いた日本的自己認知の考察

3-1. 自己認知のバイアスと文化心理学

　第1章，第2章では，日本文化の中でみられる価値観について考察を進めてきた．日本文化の中にも，集団主義的な価値観だけではなく，個人主義的価値観，協調と競争を通した自己利益の維持という価値観が共有されていることが示された．それでは，この文化の中で生きる個人の心理的傾向に，日本文化の特徴は表れているのであろうか．

　文化的自己観の理論では，相互独立的自己観をもつ欧米人は自己評価を維持し高揚しようとする自己高揚（self-enhancement）的動機により，自己に対して肯定的な評価をする傾向があるのに対し，相互協調的自己観をもつ日本人を含めた東洋人は自己高揚的動機が弱く，むしろ自己に対して批判的な評価をするとされている（Markus & Kitayama, 1991 等）．このような認知バイアスは，成功失敗の原因帰属の場面で多く研究されている．すなわち，欧米では自己の成功を内的要因に，失敗を外的要因に帰属させる自己高揚的バイアスがあるのに対し，東洋では自己の成功を外的要因に，失敗を内的要因に帰属させる自己批判的バイアスが指摘されている．

　このような自己に関する認知的バイアスは，成功失敗の原因帰属だけでなく，自己認知全般で観察される．欧米では，パーソナリティ認知においても自己高揚的認知がみられ，それが精神的健康に関連すると考察されている（Taylor & Brown, 1988 等）．つまり，欧米では，望ましい自己関連情報に対して非常に敏感で，他者と比較して自身に望ましいパーソナリティ特性を付与しがちである．そして，そのことが適応的で，精神的な健康を維持するというのである（遠藤, 1995; 伊藤, 1998; Taylor & Brown, 1988, 1994 等）．たとえば，自己と平均的な大学生について性格特性がどの程度当てはまるかを欧米の大学生に評定させると，望ましい性格特性ほど平均的な大学生より自分に当てはまると評定したことが報告されている（Alicke, 1985）．自分自身を平均より上であるととらえる傾向は，平均点以上効果（better than average effect; Alicke, et. al., 1995; 伊藤, 1999 等）と呼ばれて，広く認められている．そして，このような自己高揚的認知は，それが正確な自己認知ではないにもかかわらず，自分に対する肯定的認

知が精神的健康に好影響を与えているとされてきた（Taylor & Brown, 1988 等）．

この分野は，最近ではポジティブ・イリュージョンの一部としても，研究が展開されている．ポジティブ・イリュージョンとは，Taylor と Brown（1988）が提唱した概念で，①自分自身をポジティブにとらえる（Self-aggrandizement），②自分の将来を楽観的に考える（unrealistic optimism），③外界に対する自己統制力を高く判断する（exaggerated perception of control）という 3 側面が存在する．自己高揚的自己認知は，①の自分自身をポジティブにとらえる傾向と関連する．

今までの研究で，ポジティブ・イリュージョンやその一部である自己高揚的自己認知については，精神的健康と関連するのかという点だけでなく，このような現象は，普遍的に観察される現象なのか，あるいは，文化によって異なるのか，という点が議論となっている．

文化的自己観の理論では，自己高揚的自己認知は西欧の文化に特有で，日本をはじめとする東洋文化では，このような自己高揚的な認知が非常に弱いか，あるいは逆転すると主張する．そして，この見解を支持する多くの研究が報告されている（たとえば，Heine & Hamamura, 2007; Heine, et. al., 1999; Markus & Kitayama, 1991; 高田, 1987 等）．これらの研究で仮定されているプロセスは，次のとおりである．西欧の相互独立的自己観では，自己とは周囲の状況と独立した主体のもつさまざまな属性（能力，性格特性，動機など）によって定義される．そのため，自分の内に望ましい属性を確認し，外に表現し，そして，そのような属性を現実のものとしていくことになる．そのため，自己高揚的認知によって自己実現が図られるとしている．それに対して，日本人など東洋人の相互協調的自己観では，自己とは他の人やまわりのものごとと結びついてとらえられ，人間関係そのもの，あるいはそこにある関係性の中で意味づけられる．このような文化では，意味のある社会的関係を見出し，自らをその中の重要な一部として認識し，またまわりの人にそう認識されることが重要である．そこでは，他者の立場に立ち，その期待を内面化し，それに至るように努めるという自己実現の様式となる．つまり，期待からのずれ，自らの至らなさをまず同定し，努力を通して，至らない点をなくしていこうとする．そのため，自己批判的認知が起きると考えている．

また，東洋で自己高揚的自己認知がみられないことについて，東洋人の弁証

法的思考によると考える立場もある．東洋では，変化を期待し，矛盾に対して受容的で，ものごとを包括的にとらえる弁証法的傾向があるとされる（Peng & Nisbett, 1999 等）．たとえば，Spencer-Rodgers ら（2004）は，中国人やアジア系アメリカ人は，ヨーロッパ系アメリカ人に比べて，自己評価が肯定的で，かつ，否定的であることを示した．そして，Spencer-Rodgers ら（2010）は，Peng と Nisbett（1999）以降の研究をレビューして，このような自己の肯定的側面・否定的側面の両方を認める両価的な態度が，自己高揚的認知がみられない原因となると考えている．

　他方，自己高揚的認知はすべての文化で観察される普遍的な認知バイアスであると考える立場もある．この立場からは，相互協調的自己観をもつと考えられる文化においても，自尊感情の高さや，評価領域の違いを考慮することによって自己高揚的認知がみられることが報告されている（Brown & Cai, 2010; Brown & Kobayashi, 2002; Sedikides, et. al., 2003; Tam, et. al., 2012; Yik, et. al., 1998 等）．

　Sedikides ら（Cai, et. al., 2011; Sedikides, et. al., 2003）は，自己高揚的傾向は文化に普遍的であるが，状況や規範などの社会的制約の中で戦略的に表現されるものだと考える戦略的自己高揚モデル（tactical self-enhancement model）を提唱している．たとえば，自己の重要な側面については自己高揚的に，それほど重要ではない側面では自己高揚的ではなく，場合によっては自己批判的にとらえるという戦略があるという．この戦略に従うと，個人主義の文化では，個人の能力や社会的な優位性などの主体的属性（agentic attributes）に関して自己高揚的認知になり，集団主義の文化では，社会的なつながりに関連する共同体的属性（communal attributes）に関して自己高揚的認知になると考えられる．すなわち，外向性や開放性という行為主体の属性に関する自己高揚的バイアスは，個人主義的文化で高くなり，温厚性や勤勉性という集団志向的な共同体的属性での自己高揚的バイアスは，集団主義的文化で高くなると予想される．このような予想に一致する研究成果も報告されている（Brown & Cai, 2010; Brown & Kobayashi, 2002; Gaertner, et. al., 2008; Kurman, 2001 等）．一方で，予想とは反する結果や測定法によって一貫しない結果（Heine & Hamamura, 2007; Heine & Lehman, 1995; Yik, et. al., 1998）も報告されている．

　集団主義的であるとされる日本人を対象とした研究でも，自己高揚的認知と

いうより自己批判的・自己卑下的な認知を報告した研究（北山・唐澤，1995; 高田，1987等）がある一方，自己の領域によっては自己高揚的認知があることを示したもの（Brown & Kobayashi, 2002; 伊藤，1999; 工藤，2004; 外山・桜井，2001等），また，比較対象によって自己高揚的認知を示したもの（遠藤，1997; Endo, et. al., 2000）などがあり，結果は一貫していない．このような研究の中には，やさしさやまじめさという領域において平均点以上効果がみられるという結果（伊藤，1999）や，調和性・誠実性の次元で平均点以上効果がみられるという結果（外山・櫻井，2000）など，戦略的自己高揚モデルと一致した結果も報告されている．

　このように，自己高揚的認知が文化普遍的であるのか，文化によって異なるのかという点については，議論が分かれる．その原因の一つとして，自己高揚的認知の測定方法の問題が考えられる．

　自己高揚的認知の測定方法として使用される平均点以上効果は，自分について，一般的な他者と比較して，肯定的にとらえるというものである．このように回答する人が，統計上，期待されるよりも多いところから，自己高揚的認知の指標とされている．これは，自己高揚的認知という現象を集団レベルで考えていることを示している．しかし，個人レベルで考えると，さまざまな特性で実際に平均点以上をとる人は存在するため，自分のことを平均以上と判断することが，現実を反映した客観的な判断の結果なのか，自己高揚的動機によって生じる現象なのか，判断することは難しい．

　また，自己高揚的認知の測定には，自己評定と他者評定を比較し，他者評定より自己を肯定的に評価することを自己高揚的認知の指標とする方法が用いられている．この場合，他者評定が自己評定よりも現実を反映しているという保証はなく，他者評定より肯定的な自己評定をもって，自己高揚的認知と考えてよいか，問題が残る．

　この点に関して，Kennyら（Kenny & LaVoie, 1984; Kenny, 1994等）は，対人認知の研究では，対象との相互作用を十分に考慮した調査や実験を実施する必要があることを指摘している．たとえば，AがBのパーソナリティを判断するとき，AもまたBによってパーソナリティが判断され，それをAも承知している．そして，BがAをどう考えていると思うかについてのAの認識が，AのBに対する認知に影響を与えている．このような状況を十分に考慮

した調査や実験が行われなければならないとして，社会的関係モデル（Social Relations Model: SRM）を提唱している．SRM はパーソナリティ評定における相互作用を考慮する理論的・統計的モデルである．このようなパーソナリティ評定の相互作用を考慮したモデルを使用することは，自己高揚的認知における測定の問題を解決する一つの有効な方法であると考える．SRM を使用して，自己高揚的認知をとらえる日本人の研究は，今までのところ，筆者の知る限り，存在しない．そこで，本章では，少し古いが，2000 年に筆者が行った SRM を使用した調査の中から自己批判的認知に関連する結果を紹介したい．

　SRM には，いくつかの測定方法があるが，たとえば，グループの成員全員がお互いにパーソナリティを評定し合い（round robin design），そのデータの分散を 3 つの効果に分析して考える．3 つの効果とは，①評定者の効果と，②被評定者の効果，そして③関係性の効果である．たとえば，A の B に対する「やさしい」という評定を，①A が一般的に人を「やさしい」と評定する傾向を示す評定者の効果，②B が他の人から「やさしい」という評定を引き出す傾向を示す被評定者の効果，③A が B との関係で特定的に「やさしい」という評定をする傾向を示す関係性の効果の 3 要素に分析する．具体的な計算方法はここでは詳述しないが，Table 3-1 に示すような仮想的なデータを使用して，基本的な考え方を説明する．Table 3-1 は，A 〜 E までの 5 人のグループで，それぞれがそれぞれのパーソナリティ（たとえば，やさしさ）を 7 段階で評定した仮想の結果を示したものである．表中の (1) は，各評定者の平均値からグループ全体の平均値 G を減算したもので，これが各評定者の評定者効果となる．E は，一般的に人を「やさしい」と評価する傾向がある一方，C は，「やさしい」という評価が厳しくなる傾向があることがわかる．表中の (2) は，(1) を 2 乗したもので，これを合計したもの（ここでは，0.4＋0.4＋1.96＋0.16＋1.00 で 3.92 となる）を n-1（ここでは，4）で割ると，このグループの評定者効果（ここでは，0.98）となる．(3) は，各ターゲットの平均値からグループ全体の平均値 G を減算したもので，これが各ターゲットの被評定者効果となる．多くの人から「やさしい」と評価される B や，あまり「やさしくない」と評価される C が存在する．(4) は，(3) を 2 乗したもので，これを合計したもの（ここでは，0.04＋2.56＋5.76＋1.00＋0.16 で 9.52 となる）を n-1（ここでは，4）で割ると，このグ

第 3 章　日本人の自己批判的自己認知

Table 3-1　パーソナリティ評定の例

| 評定者 | ターゲット | | | | | mean | (1) | (2) |
	A	B	C	D	E			
A	6	5	1	5	3	4.0	-0.2	0.4
B	4	6	2	6	4	4.4	0.2	0.4
C	3	5	1	3	2	2.8	-1.4	1.96
D	5	6	2	5	5	4.6	0.4	0.16
E	4	7	3	7	5	5.2	1.0	1.00
mean	4.4	5.8	1.8	5.2	3.8	4.2^G		
(3)	0.2	1.6	-2.4	1.0	-0.4			
(4)	0.04	2.56	5.76	1.00	0.16			

ループの被評定者効果（ここでは，2.38）となる．このモデルでは，対角線上の
自己評定と（3）の相関をみることで，パーソナリティ認知の自他一致をみるこ
とができ，また，対角線上の自己評定の平均から，その他のすべてのセルの平
均を減算することで，自己高揚的認知が行われているか確認することができる．

3-2.　社会的関係モデル（SRM）を使用した研究1（研究3-1）

　自己高揚的認知には，「誰」と比較したとき，自分を肯定的に評価するのか
という比較対象の問題が存在する．平均点以上効果は，「他の平均的な人」と
の比較であるが，日常的に相互作用のある相手との比較を通して，自分のこと
をとらえていると考えられる．その場合，相手との親しさの程度は，重要な要
因である．そこで，本研究では親しさ（familiarity）の異なる日常の相互作用を
とらえるため，家族，友人，知人という3種類の社会的グループを設定した．

〖方法〗

1）調査対象者

　女子大学生10名に，各自がその家族，友人（女性），知人（女性），各3名を

59

選出するよう依頼した．「知人」は「顔は知っていて挨拶程度は交わすが，個人的な話をしたことのない人」と定義した．「友人」は各自が友達と思う人を選出させた．10名の女子学生それぞれを核とした構成人員4名の，家族グループ，友人グループ，知人グループがそれぞれ10グループできる．調査対象者の合計は100名となる．

親しさの程度（familiarity）の高いほうから，家族，友人，知人と仮定する．

2) 評定尺度

評定語として，Isaka（1990）の報告した10因子の各因子から因子負荷量の高い3語ずつ，計30語を用いた（Table 3-2）．各尺度は単極で，その性格がどの程度当てはまるか，「非常に当てはまる」から「全然当てはまらない」までの7段階で評定させた．

なお，これらのパーソナリティ表現語は別の調査で社会的望ましさの程度をチェックされている．

3) 手続き

各グループで成員全員が自分も含めた全員のパーソナリティの評定を実施した．

〚結果と考察〛

調査対象者ごとに各因子の評定語3語の平均値を求め，その因子の評定値とした．コンピュータプログラム soremo ver.2[注] により，評定者効果，被評定者効果，2効果間の相関，自己評定と評定者効果の相関（仮定された類似性），自己評定と被評定者効果の相関（パーソナリティ認知の自他一致）を求めた．相関の計算は，もとになる効果が.10以上の分散をもつ場合のみ行った．ここでは，これらの指標のうち，自己批判的認知と関連するパーソナリティ認知の自己一致のみ報告する．

第 3 章　日本人の自己批判的自己認知

Table 3-2　使用したパーソナリティ表現語とその因子

Big Five	因子	パーソナリティ表現語
外向性	外向性	外向的 社交的 明るい
	内向性	内向的 内気 消極的
温厚性	温厚性	あたたかい やさしい 親切
	非温厚性	無神経 図々しい いじわる
	自己中心性	利己的 わがまま 自己中心的
勤勉性	勤勉性	意志の強い 責任感のある 実行力のある
	非勤勉性	いいかげん 無責任 意志薄弱
情緒安定性	情緒安定性	冷静 落ち着いている 礼儀正しい
	情緒不安定性	感情の起伏が激しい 気分屋 興奮しやすい
知性	知性	頭のよい 知的 理論的

1) パーソナリティ認知の自他一致

　被評定者効果が.10以上の分散をもつときのみ，自己評定と被評定者効果の相関を計算した．自己評定と被評定者効果の間には，全体的には，やや相関（平均.35）がある（Table 3-3）．これは 人は他人が自分を見ているように，自分のことを見ていることを示す．これは，パーソナリティの自己認知は他者からの認知と類似するという従来の研究結果と一致する（Funder, 1980; Funder & Colvin, 1988; John & Robins, 1993; Kenrick & Funder, 1988 等）．

　グループによる差は顕著ではないが，知人グループで友人，家族よりやや自他一致が低い（知人.26，友人.40，家族.40）．これは，自己に関するさまざまな理論，たとえば，Mead（1934）の象徴的相互作用主義，Swann（1990）の自己確証理論，Bem（1967）の自己知覚理論等から解釈することが可能である．Mead（1934）らの象徴的相互作用主義の立場では，重要な他者が自分を見る見方によって自己が形成されると考えるが，知人は重要な他者ではないため，自己を形成する象徴的相互作用が低く，知人による評定と自己評定の差が大きくなると解釈することができる．また，Swann（1990）の自己確証理論では，人は自己概念を確認するような行動をとると仮定するが，知人は自己概念を確認する行動をとるほど接触がないため，自他の一致が低くなると解釈することができる．さらに，Bem（1967）の自己知覚理論では，自己認知は他者認知と同様，自身の行動を観察することで生起すると考える．知人が得られる情報は自己が得られる情報と比べて極端に少ないことから，自他一致が低くなると解釈できる．

　因子別にみると，外向性（.64）と非勤勉性（.62）の一致が高い．他人から外向的，非勤勉であると思われている人は，自分でもそうだと思っている．

　一致が特に低いのは温厚性（.12）と，非温厚性（.12）である．他人から温厚である，あるいは，温厚ではないと思われていても，自分ではそう思っていない．この傾向は，温厚性では，特に，知人・友人グループで高い．他人に対するやさしさに関しては人から見た自分と自分で見る自分の判断が異なる．これは，自己知覚理論に基づけば，温厚性に関する情報が他者と自分では異なっているためと考えることができる．たとえば，他者からは温厚と見える行動で

第 3 章　日本人の自己批判的自己認知

Table 3-3　パーソナリティ認知の自他一致
（自己評定と被評定者効果の相関）

VARIABLE	知人	友人	家族	mean
外向性	0.76*	.69*	.47*	.64
温厚性	.04	.07	.26	.12
勤勉性	.06	.53*	.52*	.37
情緒安定性	.39	.04	.31	.25
知性	.23	.50*	.40	.38
内向性	.23	.40*	.39	.34
非温厚性	###	.12	###	.12
自己中心性	###	.50*	.22	.36
非勤勉性	###	.53*	.72*	.62
情緒不安定性	.11	.38	.30	.26
positive 平均	.30	.37	.39	.35
negative 平均	.17	.39	.41	.34
全体平均	.26	.40	.40	.35

※　計算のもとになる分散が .10 以上あるときのみ計算を行った．### はもとの分散が .10 以下であることを示す．
※　* は $p<.05$ で統計的に有意であることを示す．

も，自身では真の別の動機に気づいているからかもしれない．

2)　自己批判的認知

　自己批判的認知に関しては，各グループの因子ごとの評定値を評定者×被評定者のマトリックスにまとめ，マトリックスごとに自己評定の平均値から他者評定の平均値を減算した（Table 3-4）．従来の研究では，各評定者はそれぞれ自分と自分のパートナーのパーソナリティのみを評定し，自己評定とパートナーの評定の差をみている．あるいは，平均以上効果のように自己評定と一般的な他者の評定の差をみている．したがって，これらの自己評定と他者評定との間に差がみられても，その差は実際のパーソナリティの差を反映しているのか，認知的バイアスによるものか判断がつかない．本研究では，複数の評定者の自己評定の平均と複数の評定者が複数の他者を評定した平均とを比較することで，一般的な自己評定と他者評定の差を求めることができる．

　各因子は社会的に望ましいもの（positive）と望ましくないもの（negative）

63

Table 3-4　自己評定と他者評定の差

	因子	知人	友人	家族	mean
p	外向性	-0.71	-0.42	-0.19	-0.44
p	温厚性	-1.24	-0.98	-0.19	-0.80
p	勤勉性	-0.93	-0.70	-0.44	-0.69
p	情緒安定性	-1.12	-0.72	-0.37	-0.74
p	知性	-1.39	-1.02	-0.44	-0.95
n	内向性	0.79	0.60	0.50	0.63
n	非温厚性	1.72	1.28	0.34	1.11
n	自己中心性	2.15	1.51	0.40	1.35
n	非勤勉性	1.61	1.35	0.71	1.22
n	情緒不安定性	1.75	1.17	0.37	1.10
	positive 平均	-1.08	-0.77	-0.33	-0.72
	negative 平均	1.60	1.18	0.46	1.08

※　p は社会的に望ましい因子，n は社会的に望ましくない因子を示す.

とに分類できる．positive な因子では，差が「+」の場合に自己高揚的認知を，「-」の場合に自己批判的認知を示す．negative な因子では，「-」の場合に自己高揚的認知を，「+」の場合に自己批判的認知を示す．

　すべての因子で自己に対して他者よりも negative な評定を行う自己批判的認知の傾向がみられる．この傾向は家族より友人，友人より知人と親しさの程度（familiarity）が低いほど強い．これは，面識はあるがよく知らない人に対して，自分自身より肯定的に評価する傾向が強いことを示している．友人や家族を評定する場合にはその傾向は弱まる．

　これは，遠藤（1997）が親しい相手に対して肯定的に判断し，相対的に自己を卑下する傾向があるとした結果と矛盾する．遠藤（1997）では，親友や夫婦という重要他者との関係を扱い，自分の親友関係や夫婦関係を他の親友関係や夫婦関係より肯定的に評価する関係性の高揚を示している．その中で，相手をより肯定的に評価するため，相対的に自己批判的認知が生起すると考えられている．たとえば，自分の親友関係は，他の人の親友関係より肯定的であるが，それは，自分の親友がすばらしい人だからと考える傾向としてとらえられる．自分の親友をすばらしいと評価するため，相対的に自己卑下的認知が生じると考えられている．ただし，本研究で対象とした友人は，親友ではないため，重要他者と

いってよいか不明である．家族は重要他者と考えられるが，家族に対しては，最も自己批判的認知が低かった．その原因として，本研究の対象者が親からの自立の時期にあたる青年期にある大学生であったことが影響していると考えることもできる．しかし，本研究の結果は，親しい相手に対するより，知人程度の相手に対して自己批判的認知を高める傾向として解釈することも可能である．

　自己評定と他者評定の差は negative な因子のほうが positive な因子より大きい．negative なパーソナリティ特性を自分によく当てはまると評定するが，他者にはそれほど考えない．日本的な自己批判的認知は，肯定的なパーソナリティ特性の認知より否定的なパーソナリティ特性の認知においてより顕著である．すなわち，他者に対してより理想的な評価をするというより，逆に他者への否定的な評価を遠慮し，自分に対しては厳しく評価する傾向として表現される可能性が示唆される．

　この否定的な側面についての意識の強さは，遠藤（1992）の負の理想自己の考え方とも一致する．遠藤は正の理想自己と現実自己の差異に比較して，負の理想自己と現実自己との差異のほうが自尊感情との関わりが強いことを示唆している．すなわち，「理想的な人間にいかに近いところにいるか」という認知よりも，「なりたくないものになっていないか」ということのほうが自尊感情に影響を与えているという．このような否定的な側面についての意識の強さが，日本的自己認知の特徴かもしれない．

　また，因子ごとに自己評定と他者評定の差をみると，知人，友人という中で，特に自己批判的認知が強かったのは，温厚性の次元（温厚性，非温厚性，自己中心性）と知性である．家族の中では，勤勉性の次元（勤勉性，非勤勉性）と知性について自己批判的認知が強い．これらは，伊藤（1999）や外山・櫻井（2001）が日本人でも平均点以上効果がみられると報告した次元である．本研究では，その次元で自己批判的認知が強いことを示している．これは，Skedekides らの戦略的自己高揚モデルから予想される結果とも，正反対の結果となる．戦略的自己高揚モデルでは，自己の重要な側面において，自己高揚的に自分を認知するというもので，日本など集団主義の文化では，集団志向的な温厚性や勤勉性について自己高揚的になると予想されている．本研究の結果は，温厚性や勤勉性について自己批判的になることを示しており，戦略的自己

高揚モデルと正反対の結果となった.

3-3. 社会的関係モデル (SRM) を使用した研究 2 (研究 3-2)

既存の社会的グループを使用した研究 3-1 では，親しさの程度 (familiarity) 以外にも，グループの性質が結果に影響を及ぼすと考えられる．そこで，本研究では，同一のメンバーが継続的に親しさ (familiarity) を高めていく過程でのパーソナリティ認知の変化を検討する.

〖方法〗

1) 調査対象者

週 1 回，同一演習授業を受講する大学 1 年生 14 名（男 7 名，女 7 名）．5 名の成員からなる 2 グループと，4 名の成員からなる 1 グループの計 3 グループ.

2) 評定尺度

研究 3-1 と同様，Isaka (1990) の 30 語を使用した（Table 3-2）.

3) 親しさの評定

グループ成員相互の親しさの程度の変化を測定した．「初対面」を 1 点，「顔は知っている」を 2 点，「会えば，挨拶を交わす」を 3 点，「会えば雑談程度なら話もする」を 4 点，「会って，個人的な話もする」を 5 点と得点化した.

4) 手続き

各グループで成員全員のパーソナリティの相互評定を 1 年に 4 回（4 月，6

月，10 月，翌年 1 月）実施した．

〚結果〛

　結果の計算の仕方は，研究 3-1 と同様，コンピュータプログラム SOREMO
を用いて，各指標の計算を行った．相関の計算は，もとになる効果が .10 以上
の分散をもつ場合のみ行った．

1）親しさの程度の評定

　各グループにおける全成員の相互評定の平均を Table 3-5 に示す．各グルー
プともに，time 1 では，平均 1.25 〜 1.45 と，初対面か，顔を知っている程度
の親しさであった．time 2 で大きく親しさの程度が高まり，その後は，time 3，
time 4 と少しずつ親しさの程度が高くなっている．しかし，time 4 でも，平
均 2.70 〜 3.59 と親しさの程度としては，それほど高くない．グループの中で
個人的な関わりが進んだというより，演習の授業内での関わりが中心であった
と考えられる．

2）パーソナリティ認知の自他一致

　研究 3-1 と同様の計算を行った．被評定者効果の分散が .10 未満のものが多
く，計算ができない特性が多かった（Table 3-6）．特に，time 1 では，計算で

Table 3-5　各グループの親しさの程度の平均

	time 1	time 2	time 3	time 4
グループ a	1.35 （0.26）	2.33 （0.33）	2.85 （0.66）	3.33 （0.94）
グループ b	1.45 （0.16）	2.35 （0.12）	2.60 （0.37）	2.70 （0.45）
グループ c	1.25 （0.27）	2.95 （0.14）	2.67 （0.37）	3.59 （0.28）
平均	1.35	1.95	2.71	3.21

※　1：「初対面」，2：「顔は知っている」，3：「会えば挨拶を交わす」，4：
「会えば雑談程度なら話もする」，5：「会って個人的に話もする」．

Table 3-6 パーソナリティ認知の自他一致
（自己評定と評定者効果の相関）

VARIABLE	time 1	time 2	time 3	time 4	mean
外向性	###	.39	.59	###	.49
温厚性	###	.80	.84*	.66	.76
勤勉性	###	###	###	.26	.26
情緒安定性	###	###	###	###	###
知性	###	###	###	###	###
内向性	###	.53	.71	.59	.61
非温厚性	.42	.42	.31	.36	.38
自己中心性	###	.55	.22	###	.38
非勤勉性	.33	.45	.11	###	.30
情緒不安定性	###	.69	###	.43	.56
positive 平均	###	.59	.71	.46	.50
negative 平均	.38	.53	.34	.47	.45
全体平均	.38	.55	.46	.48	.47

※ 計算のもとになる分散が .10 以上あるときのみ計算を行った．### はもと
の分散が .10 以下であることを示す．
※ * は $p < .05$ で統計的に有意であることを示す．

きたのは，非温厚性と非勤勉性のみであった．初対面に近い状況では，各個人
を区別して評定するというより，ほぼ同じような評定をしていたことが示唆さ
れる．また，情緒安定性や知性は time 1～4 のすべての評定で，計算ができ
なかった．グループの数が少なかったことに加え，均質なグループであったこ
とが影響を与えていると考えられる．

　自己評定と評定者効果の間の相関は全体的には，相関（平均 .47）があると考
えられる．これは，人は他人が見ているように，自分のことを見ていることを
示す．測定時期ごとの全体の平均をみると，time 1 で最も低い相関（平均 .38）
を，time 2 で最も高い相関（平均 .55）を示している．time 3，time 4 は，それ
ぞれ平均 .46，.48 であった．time 1 は，計算ができた特性が少ないが，初対面
に近い時点では，お互いが遠慮し，けん制し合って，他者に対しては平均的な
評価しかしない可能性がある．親しさの程度が高まる time 2 の自他一致が最
も高いことは興味深い．その後，さらに親しさの程度が高まると，パーソナリ
ティ評定の自他一致がやや低くなる．相手のことを少し知るようになると，異
なったイメージができてくるということかもしれない．

温厚性に関しては，研究3-1では自他の不一致がみられたにもかかわらず，本研究では.76とかなり高い．温厚性に関しては，演習という限られた場面での観察が，自己認知と一致するということであろう．

3) 自己批判的認知

研究3-1と同様，すべての因子で自己批判的認知の傾向がみられる（Table 3-7）．平均点でみると，研究3-1と比較して，自己批判的認知の強度は低い．すべての測定時点で，研究3-1の友人～家族レベルである．演習の授業内だけの関係であったことが影響を与えているかもしれない．

親しさの程度（familiarity）との関係はtime 2を除いてfamiliarityが低いほど自己批判的認知が高い傾向がある．これは，よく知らない人を評定するときには，相手に対してよい評価をする一方，自分に対して厳しく評価することを示している．親しさが高まるにつれ，その傾向が弱まる．しかし，最も自己批判的な認知が低いのは，time 2である．これは，最も自他一致が高い時期とも一致している．他者から見た自分と自己評価が一致し，自己批判的認知の傾向も低い．

Table 3-7　自己評定と他者評定の差

		time 1	time 2	time 3	time 4	mean
p	外向性	-0.55	-0.28	-0.44	-0.03	-0.33
p	温厚性	-0.43	-0.04	-0.22	-0.15	-0.21
p	勤勉性	-0.68	-0.16	-0.57	-0.66	-0.52
p	情緒安定性	-0.33	-0.05	-0.22	-0.28	-0.22
p	知性	-0.80	-0.58	-0.55	-0.74	-0.67
n	内向性	0.59	0.39	0.48	0.26	0.43
n	非温厚性	0.90	0.31	0.72	0.62	0.64
n	自己中心性	0.99	0.74	0.80	0.69	0.80
n	非勤勉性	0.85	0.36	0.96	0.68	0.71
n	情緒不安定性	1.09	1.05	1.07	0.68	0.97
	positive 平均	-0.56	-0.22	-0.40	-0.37	-0.39
	negative 平均	0.88	0.57	0.81	0.59	0.71

※　pは社会的に望ましい因子，nは社会的に望ましくない因子を示す．

研究3-1と同様，自己評定と他者評定の差は，全体的にnegativeな因子のほうがpositiveな因子より大きい．他者への否定的評価を遠慮し，自分に対しては厳しく評価する傾向がここでもみられる．

自己批判的認知が特に強く認められたのは，知性，勤勉性，情緒不安定性であった．これは，演習というグループで学習活動を行う場合に，重要となる性格特性と考えることができる．

3-4. 総合的考察

研究3-1，3-2ともにすべての因子で自己批判的な認知がみられている．そして，自己批判的認知は親しさの程度が低いほど，つまり，よく知らない人物を評定するときほど，大きくなる傾向がある．また，positiveなパーソナリティより，negativeなパーソナリティ特性を認知するとき，自己批判的認知が強くなることが示された．

Kenny（1994）は，SRMを用いた初対面の人のパーソナリティ評定の4つの研究と，よく知っている人のパーソナリティ評定の3つの研究を概観し，情緒安定性の因子以外は自己高揚的認知がみられ，その傾向は初対面のときにより強いことを示している．このことと本研究の結果をあわせて考えると，アメリカでは自己高揚的認知，日本では自己批判的認知がみられ，よく知らない人物を対象としたとき，こうした認知の傾向は日米ともに強まると考えられる．また，Churchら（2014）は，SRMの複数の指標を使用して，アメリカ，メキシコ，ベネズエラ，中国の4か国において，友人と家族の間で自己高揚的認知がみられるか検討した．その結果，すべての文化内で，自己高揚的認知をする人も自己批判的認知をする人もいること，その割合は，本研究のような伝統的なSRMの指標を使用した場合には，共同体的（communal）特性において，アメリカとベネズエラでは自己高揚的認知，中国では自己批判的認知を行う人が多いことを報告した．この傾向は，家族に対してより，友人に対してのほうが高かった．つまり，文化に特徴的と考えらえる自己認知は，家族など親しい人間の間より，親しさの程度が低い人間の間で，より強くなると考えら

れる.

　本研究の結果は，個人主義の文化で自己高揚的認知が行われ，集団主義の文化では自己批判的認知が行われるという見解と一致している（Heine & Hamamura, 2007; Heine, et. al.,1999; Markus & Kitayama, 1991; 高田，1987 等）．すなわち，相互協調的自己観をもつとされる日本では，他者の期待を内面化させ，そこからのずれを努力してなくすことにより自己実現が図られるため，自己の至らなさに目を向ける自己批判的認知になると考えられる．これは本研究で，positive なパーソナリティ特性より negative なパーソナリティ特性を認知するとき，自己批判の認知が強くなることにも表れている．他者を自分より望ましいととらえる傾向より，自分に対して他者より厳しい評定をするという傾向があることを示している.

　また，本研究で示された領域ごとの自己批判的認知の強さは，伊藤（1999）や外山・櫻井（2001）や，Sedikidas らの戦略的自己高揚モデルとは，一致しない．本研究で自己批判的認知が強く示されたのは，知人・友人間では，温厚性の次元と知性の次元，家族では勤勉性の次元と知性の次元，演習グループでは勤勉性，情緒不安定性，知性の次元であった．これらは，日本における相互協調的自己で重視されている2次元，「役割志向性」と「情緒的関与」（北山，1998）に関連している次元と考えられる．戦略的自己高揚モデルでは，このような次元における自己高揚的認知を予想するが，本研究では逆の結果となった．役割遂行において無責任でいいかげんであること，感情の不安定さ，他者への思いやりに欠ける非温厚性や自己中心性は，日本の社会にあっては意味のある社会的関係を築くために最も避けるべきこととしてとらえられる．それらの重要な次元に関して，他者から見るより，自分について厳しい認知をしており，自己の否定的な側面に焦点を当てて認知することにより，自らの至らなさを改善しようとするという文化的自己観からの説明を裏づけているように思われる.

　しかし，一方で，本研究では，これらの自己批判的認知は，親しさの程度と関連し，初対面に近い人や顔見知り程度の知人の中では，特に強くなることが示されている．親しさと自己高揚的認知の関係では，Kenny（1994）は「親しくなるということは，他者を自我の一部として受け入れていくこと」という仮

説から，親しくなると自他認知の差が小さくなるとしている．本研究でも，自己評定と被評定者効果の相関からみた自他一致は，親しいグループでは自他一致が高くなることを示している．

　この考え方では，日本での自己批判的認知が親しくなると小さくなるということは，他者を自己の一部として受け入れることで他者も自分と同様に厳しく評価すると考えることも可能である．また，「相互協調的自己」観では，「人並み」観が重要となると考えれば，一般的な他者は期待から外れていない「欠点のない」他者と認知され，それに近づきたいと努力することにつながるが，親しくなるにつれて，他者の中にある「至らなさ」にも気づくと考えられる．日本人が「人目を気にする」とき，家族や友達，親しい仲間の目というより，一般的な不特定多数の目を気にしていると考えられる．このような関係は土井(1971) の『甘えの構造』でも指摘されているとおりである．

　他方，このような親しさと自己批判的認知の関係は，日本人の自己卑下的な自己呈示がデフォルトの適応戦略だと考える山岸ら（山岸, 1998; Yamagishi, et. al., 2008）の主張を裏づけるものと考えることもできる．この考えでは，自己卑下的な自己認知は，自己卑下的なこころの性質を反映したものではなく，その文化の規範に沿う適応的な戦略として，表向きの自己呈示の方略として行われていると考える．鈴木・山岸 (2004) は，実験におけるテスト成績の判断について，通常の条件では約70％の人が自分は平均以下だと回答する自己卑下的な認知をしているのに対し，正確な自己判断をすればボーナスをもらえるという条件では，約70％の人が自分は平均以上だとする自己高揚的な認知を示したという実験結果を報告している．すなわち，テスト結果について回答する理由があいまいな状況では，日本文化の中で受け入れられやすいデフォルトの自己卑下的な回答をするのに対し，ボーナスを得るためという回答の理由が与えられ状況が明確になると，デフォルトの戦略が抑制され，自己高揚的になると考えられる．

　本研究で，相互協調的自己観をもつとされる日本文化で重要とされる「役割志向性」や「情緒的関与」に関する領域で自己批判的認知が特に強かったことは，適応の戦略と考えれば説明がつきやすい．他者が相互協調的自己観をもつと仮定しているため，他者との良好な関係を維持するためには，特に重要

な特性である勤勉性や，温厚性，自己中心性の領域において，自分の至らなさ
を自覚し，自己卑下的にふるまうことが適応的であるかもしれない．また，初
対面や顔を知っている程度の他者については，情報が少なくあいまいな状況
を提供する．そのような状況では，日本文化のデフォルトとして，他者が自
分を評価するより，厳しい目で自分を見る自己批判的認知が強いと考える．
家族は，最も状況の定義が明確で，戦略的な自己呈示をそれほど行わなくて
も，自分を受け入れてもらえると考えられるため，最も自己批判的認知が低い
と考えられる．また，演習グループでは，知人に比較して自己批判的認知が低
いが，演習という状況の定義が明確で，その中での自己呈示として自己批判的
自己認知が抑制されたのかもしれない．

　最後に，Church ら（2014）は，SRM の複数の指標を用いて自己高揚的認知
を検討し，総じてアメリカ人やベネズエラ人は温厚性・勤勉性などの共同体的
属性に関して自己高揚的で，中国人は自己批判的であることを示しているが，
一方で，彼らは用いる指標によって結果が異なることを示唆している．何を
もって「自己高揚的認知」ととらえればよいのか，定義や測度の問題は大きい
と考える．

　本研究では，①日本では自己批判的認知があること，そして，②親しい他者
を評定するときより，よく知らない人を評定する場合のほうが自己批判的認
知が強くなること，また，③ positive なパーソナリティ特性を評定するとき
より，negative なパーソナリティ特性を評定する場合のほうが，自己批判的認
知が強くなること，さらに，④温厚性や勤勉性，情緒安定性など，相互協調的
自己観をもつ文化の中で重要とされる側面での自己批判的傾向が強いことが示
された．これらは，文化的自己観が想定しているこころの性質の違いを反映し
ていると考えることもできるが，日本文化への適応的戦略として自己批判的認
知が行われると考えることもできる．自己高揚的認知の定義や測度の問題とあ
わせて，さらなる研究が必要と考える．

（注）http://davidakenny.net/srm/srmp.htm で公開されている（2017 年 12 月現在）.

※ 研究3-1, 3-2は,「伊坂裕子 (2000). パーソナリティ認知における自己認知と他者認知の関係―Social Relations Model を用いた日本的自己認知の考察―日本大学心理学研究, 21, 15-25」で紹介されているデータに基づく.

第4章

本音と建て前の二重構造

4-1. 文化的自己観と本音と建て前

　日本人のコミュニケーションの特徴として，しばしば取り上げられるのが本音と建て前の二重構造である．この点に関して，Iwao（1997）は，日本人はアメリカ人に比べて，態度（本音）と行動（建て前）が異なっていることを当然として受け入れていると指摘している．Iwao（1997）は，アメリカ人と日本人との間で重要な他者との意見の違いがある場面において，好ましいと考える行動を比較した．その結果，このような場面で，アメリカ人は態度と行動が一致していることを好むのに対し，日本人は態度と行動が不一致でもかまわないことが示された．たとえば，自分の娘が異なる人種の人と結婚するのは許せないと考えている親が，娘が婚約者として人種の異なる相手を連れてきた場面での行動について，複数の選択肢の好ましさの順番をつけさせた．この場合，"内心は娘の結婚を認めないが，その場では結婚に賛成しているように言う"という「態度と行動が不一致の行動」が，日本では最も好ましいとされた．しかしこの行動は，アメリカでは最も好ましくないとされたことを報告した．これを，相互独立的な自己観をもち，二律背反の絶対的な価値をもつアメリカ文化と，相互協調的自己観をもち，個人がさまざまな役割に応じてふさわしい行動を演じ分けると考える日本文化の違いとして考察している．つまりこれには，日本人にとって，表出される行動は，その人の態度だけで決定されるわけではなく，その場の状況を反映した役割によって影響を受けるという信念が広く受け入れられていることが関連する．

　このような態度と行動の一貫性に関する信念について，Kashima ら（1992）は，オーストラリアと日本で比較している．一般に態度と行動は，どの程度一貫しているかと問うと，態度と一貫した行動をとるものだという信念は，日本人に比較してオーストラリア人のほうが高いことを示した．そして，彼らは，このような信念の強さが，帰属の基本的錯誤に関連すると考え，この信念の強さと帰属の基本的錯誤の程度との関連を調べている．帰属の基本的錯誤とは，他人の行動の原因として，状況などの外的要因を過小評価し，その人の能力や性格などの内的要因を過大評価するという傾向のことを指す．このような

帰属の基本的錯誤は，表出される行動がその人の能力や性格などを反映するという信念と関連すると考えられるため，西洋ではこの錯誤は一貫して報告されているが，東洋ではこの錯誤が低いことが多くの研究で確認されている（Choi & Nisbett, 1998; Masuda & Kitayama, 2004 等）．そこで，Kashima ら（1992）は，態度と一貫した行動をとるものであるという信念と帰属の基本的錯誤は関連すると予想したが，このような関連はオーストラリア人にのみ観察され，日本人には観察されなかったことが報告されている．

　このように相互独立的自己観をもつ西洋人が一貫性を追求するのに対し，相互協調的自己観をもつ日本人は，態度と行動は必ずしも一貫しなくても当然であると考える傾向があると考えられている．この傾向は，Peng と Nisbett（1999）の弁証法的思考からも考えることができる．Peng と Nisbett（1999）は，西洋人が規則を基盤とした思考をするのに対し，東洋人は規則に依存せず，弁証法的思考をするとしている．Peng と Nisbett（1999）によれば，弁証法的思考には，①矛盾の原則，②変化の原則，③全体論の原則の 3 原則があると考えられている．弁証法的思考をとる東洋人は，自分の態度と行動が矛盾していても，受容性が高いと考えられる．

　また，守屋（1997）は，少し異なった立場から，日本人の本音と建て前の二重構造を示している．彼女は，シルバスタイン作『大きな木（The Giving Tree）』（Silverstein, 1964）という物語の読後感想文を用いて，日本，イギリス，スウェーデン，韓国の子どもたち（7～17 歳）の「他者」の認識を比較した一連の研究を紹介している．この物語では，一本のリンゴの木と少年の交流が描かれているが，少年が成長するにつれ，自分の望みをかなえるためにリンゴに実を，枝を，そしてついには幹までも要求し，リンゴの木はそれを惜しみなく与えていく．物語の最後は，静かに休むところがほしいという彼に，リンゴの木は最後に残った自分の切り株に腰を下ろすように勧める．最後は，切り株に腰を下ろした，年老いた「少年」の姿が描かれた場面で終わる．守屋（1997）は，一連の研究で，この物語の感想にみられるリンゴの木の気持ちの推量から，他者認識の観点を「疑問解消型」と「二重構造型」の 2 つに分類した．「疑問解消型」は，「登場人物の言動や表現を手がかりにして，疑問部分を推量する場合」で，たとえば，「自分のすべてを与えたのは，木が少年をとても愛

していたからだと思う」などがこれにあたるとしている．これに対して，「二重構造型」は，「登場人物には，その言動や説明と異なる『本当の』部分が隠されているという前提のもとに行われる推量」で，たとえば，「木は幸せだと言っているけれど本当は嫌だったんじゃないかと思う」などがこれにあたるとしている．そして，二重構造型の推量は，イギリス，スウェーデンなどではみられず，日本の子どもにだけみられたという．このことから，日本の子どもたちの「他者」像は，「みせかけ」の自己と「本当」の自己からなる二重構造であるとしている．このような他者像は，態度（本音）と行動（建て前）は必ずしも一貫しないという信念に通じていると考えられる．

守屋（1998）は，このような二重構造型推量が誤解や確執を招く危険が大きいことを指摘している．

4-2．道徳的判断

このように態度と行動の一貫性を前提としない日本人の認識は，人の行動は，内面的な態度だけで決定されるわけではなく，状況などの影響を受けるという信念と関連する．このことは，道徳的判断についても，その影響を考えることができる．

Kohlberg（1971）は道徳的判断の発達は文化に共通で，正義や公平性などの普遍的な概念により判断する段階を最も高次のものとしている．しかし，1980年代になると，道徳的判断の発達が普遍的であることに疑問が呈され，文化による影響も指摘されるようになった．たとえば，アメリカなど個人主義の文化においては，個人は相互独立的自己観をもつとされている．相互独立的自己観では，個人の自己は状況や周囲の他者との関係に依存せず，相互に独立している．そのため，状況にかかわらず個人の価値観や意見を表明し，優先する個人志向的判断が行われ，それが個人の権利を基盤とする（right-based）道徳観につながると考えられる．一方，日本など集団主義の文化においては，個人は相互協調的自己観をもつとされている．相互協調的自己観では，個人の自己は他者の自己と明確に区別されず，周囲の他者との自己の境界があいまいとなる．

そのため，「空気を読む」など他者との関係性に依存した関係志向的判断が行われ，それが他者への義務を基盤とする（duty-based）道徳観につながると考えられる．

たとえば，Sachdeva ら（2011）は，道徳が他者に対する義務（duty）のシステムに基づいて概念化されている文化（duty-based culture）では，集団の利益のためにつく嘘は，他者を傷つける嘘に比べて，道徳的に問題ないと判断される．一方，道徳が他者から要求されるべき権利のシステムに基づいて概念化されている文化（right-based culture）では，他人を傷つける嘘であるか，集団の利益のための嘘であるかに関係なく，道徳的に問題であると判断されるという．このように個人の権利を基盤とする（right-based）道徳観では，一般的な法則やルールが重視される傾向があるのに対し，義務を基盤とする（duty-based）道徳観では，一般的な法則やルールよりも他者との関係性を重視すると考えられている．日本人が西洋人に比較して規則に依存する程度が低いことも，この傾向の表れであると考えられる．

Markus と Kitayama（1991）らは，これらの文化に特異的な行動や判断は，個人がその文化の中で自然と身につけた個人的選好の結果から生じると考えている．しかし，文化的自己観の違いがどこから生じるのかという点についての検討は，十分にされているとはいえない．その点に関して，山岸（2014）は，文化への制度的アプローチを展開している．このアプローチでは，個人の表出する文化特定的行動は，周囲の人がもつと信じる価値観に合わせて行動する，という方略的なものであると考える．たとえば，橋本（2011）では，日本人大学生は，相互協調的自己より相互独立的自己を理想的と考えていながら，自分自身は相互協調的であると考え，さらに，世間一般の人たちは自分たちよりももっと相互協調的である，ととらえていることを示した．そして，日本人が相互協調的な行動をとるのは，個人が相互協調的な信念を共通にもっているというより，「他者は相互協調的な信念をもっている」と考える，他者に関する信念が大きな要因である，と考えている．

文化への制度的アプローチでは，日本など社会的関係が固定的な社会では，現在の対人関係の中で受け入れられることが重要となるため，集団主義的秩序が形成され，他者に対する義務を基盤とした（duty-based）道徳観が育つと想

定される．一方，アメリカなど新たな社会関係を構築する機会が多く，他者との関係が流動的な社会では，個人主義的秩序が形成され，個人の権利を基盤とした（right-based）道徳観が育つと考えられる．

4-3. 重要他者と意見の相違がある場面の行動の文化差（研究4）

　前述のとおり，Iwao（1997）の研究で，日本人は内面の態度と異なる行動の表出を好ましく思うことが報告されたことを紹介した．娘が連れてきた婚約者に対し，"内心は娘の結婚を認めないが，その場では結婚に賛成しているように言う"という「態度と行動が不一致の行動」が，日本では最も好ましいとされた一方，アメリカでは最も好ましくないとされたことを報告した．しかし，同じ場面でアメリカ人が最も好ましいと選択した行動は，"内心ショックで怒りを感じているが，婚約者には穏やかに接し，できるだけ歓待する"という「態度と行動の不一致」のある行動であった．相互独立的自己観をもつアメリカ人であっても，言動の不一致のある行動を最も好ましいと考えている，という矛盾が示されている．

　また，葛藤場面解決についての大渕・福島（1997）の多目標理論に基づいて，羅（2008）は対人葛藤場面における解決目標と解決方略について，日本人と中国人の比較を試みた．羅（2008）は，葛藤解決目標としては，自尊心やプライドを回復するなどの社会的目標と，金銭的に優位になりたいなどの経済的目標，相手とよい関係を維持したいなどの関係目標の3因子を抽出している．また，問題解決方略として，攻撃的方略・主張的方略・抑制的方略の3種を設定した．各方略は，2〜4の下位項目に分かれる．攻撃的方略は，叩く，怒鳴るなど相手に攻撃性を示す直接的攻撃と間接攻撃に分かれる．間接攻撃は，表情や身振りなどによる表情攻撃，裏で第三者に不満を漏らす背後攻撃，相手との関係を徐々に絶つ断絶攻撃を含む．主張的方略は，説得や取引など言葉を用いて自分の考えや感情を率直に伝える直接的主張と，直接言わないで暗示的に自分の考えや感情を伝える間接的主張に分かれる．抑制的方略は，相手との関係を重視するため自分の要求や感情を抑える関係性重視抑制と，騒ぎになるこ

とが恥ずかしいため自分の要求や感情を抑える騒ぎ回避抑制に分かれる．この中で，葛藤解決目標としては，中国人は日本人より社会的目標が高く，また，日本人は中国人より関係目標が高いことを示している．そして，たとえば，意見が対立する場面では，日本人は間接的主張や関係重視抑制の方略を多く使用するのに対し，中国人は直接的主張の方略を多く使用していることを示している．中国は日本と同様に相互協調的自己観をもつと考えられるが，葛藤解決目標や解決方略の差を説明するのに，自己観の違いだけでは不十分であると考える．

　一方，道徳的直観についての近年の研究では，道徳的直観は試行錯誤を繰り返しながら，その社会の中で許されること，許されないことを学習する，すなわち，文化的文脈の中で発達するとしている．そのため，同一の文化でも所属する集団によって，どのような行動を適切と考えるかということが異なると考えられる（Haidt, 2001）．

　そこで，本研究では，本音と建て前のように態度と行動が一致しなくても，対人関係を重視する行動を日本人は適切と考えるのか，また，自分はそのような行動を選択するのかということを検討する．そして，個人の行動の選択に影響を与える要因を検討するとともに，行動の適切性の判断に影響を与える要因として，個人のもつ専門的知識を取り上げる．本研究では，国際関係学と法学を専攻する学生を対象として，Iwao（1997）にならい，重要な他者との意見の違いがある場面での行動の適切性判断における専門的背景の影響を検討する．

〚方法〛

1）調査対象者

　N大学国際関係学部学生，153名（男性82名，女性71名），法学部学生，92名（男性62名，女性30名），合計245名．

2) 調査内容

(1) 設定場面

Iwao（1997）で使用された場面・行動などを参考に，他者と意見の相違のある場面のシナリオを3場面作成した（Table 4-1～4-3脚注参照）.

場面A：死刑反対論者の前で，それを知らない同僚が死刑賛成の意見を表明する.

場面B：自分でも克服できない人種偏見をもっている親の娘が婚約者として人種の異なる相手を連れてきた.

場面C：ルール重視の人が同僚とハイキングに出かけ，その同僚が立ち入り禁止区域に入ろうとする.

場面Aと場面Bは，Iwao（1997）で用いられた3場面のうちの2場面である．場面Cは，ルールに関する意識をとらえるために，本研究で新たに作成した．そして，各場面の登場人物が日本名である日本名バージョンと英語名である英語名バージョンを作成した．本章では，日本名バージョンの結果のみを紹介する.

(2) 評価視点と評定

それぞれの場面においてとりうる行動の選択肢を，場面Aでは8項目（Table 4-1），場面B，Cではそれぞれ5項目作成した（Table 4-2, 4-3）．場面Aと場面Bの行動の選択肢は，Iwao（1997）で用いられたものを使用した．各行動について，次の4つの評価視点から5段階で評定を求めた.

①自分が行うであろうと思う程度について，「絶対に行わない」～「必ず行う」の5段階評定.

②典型的な日本人（または，アメリカ人）が行うと思う程度について，「絶対に行わない」～「必ず行う」の5段階評定.

③よりよい関係を目指すために，または，関係の悪化をさけるために適切だと思う程度について，「とても不適切」～「とても適切」の5段階評定.

④社会的に義務や責任を果たしていると思う程度について，「全然そう思わな

い」〜「とてもそう思う」の5段階評定.

〖結果と考察〗

1) 各場面における適切な行動の平均

　場面Aと場面Bは，Iwao（1997）と共通の場面，行動を設定した．Iwao（1997）では行動の選択肢に最も好ましいものから順番をつけさせている．そこで，Iwao（1997）と結果を比較するため，各行動についての適切性についての評定を取り上げた．本研究の場面ごとの行動の選択肢についての適切性の評定結果を Table 4-1 〜 4-3 に示した.

　本研究の場面A（Table 4-1）では，両学部の学生が最も適切と判断したのは，「いつもどおりの笑顔で，相手の話を静かに注意深く聞く」行動．2番目に適切であると評定したのは，「相手の言うことにも一理あると考え，自分の意見が間違っている可能性があると考える」行動であった．自分の本音とは異なる行動の表出に対して，適切性を高く評価していることがわかる．各行動と学部の2要因の分散分析の結果，交互作用が有意であったが（$F_{(4.752, 546.514)} = 2.703, p < .05$），各学部内で，この2つの行動が最も適切と判断されていた.

　Iwao（1977）の場面Aでは，本研究で2番目に適切と判断されている「相手の言うことにも一理あると考え，自分の意見が間違っている可能性があると考える」行動は，日本人の42.2％，アメリカ人の59.2％が，最も好ましい行動として選択している．次に多いのは，日本人では，「いつもどおりの笑顔で，相手の話を静かに注意深く聞く」行動で，23.0％が最も好ましいとして選択している．この行動は，アメリカ人では3位ではあるが5.9％に選ばれたにすぎない．アメリカ人の2位は「自分の意見を表明し，相手の意見を変えようとする」で28.4％，日本人では3位で15.6％であった.

　場面Aについての適切性に関する本研究の結果は，Iwao（1997）で日本人が選んだ好ましい行動とほぼ同様の結果と考えてよい.

　場面B（Table 4-2）の適切性の評定では，行動の主効果のみ有意であった

Table 4-1　場面 A　適切性評定

	国際関係 (N=74)		法 (N=47)		F値		
	平均	SD	平均	SD	行動	学部	交互作用
1 鈴木さんが話したことを聞かなかったふりをする	2.70	1.45	2.57	1.38	89.757***	.660	2.703*
2 自分の意見を表明し、鈴木さんの意見を変えようとする	2.23	1.19	2.00	1.04			
3 いつもどおりの笑顔で、鈴木さんの話を静かに注意深く聞く	4.04	0.95	4.40	0.85			
4 その場にいる第三者に向かって「あなたは、私に賛成ですよね」と言う	1.79	1.05	1.68	0.84			
5 鈴木さんと自分とは、意見が同じであるかのようにふるまう	2.93	1.31	2.77	1.25			
6 鈴木さんについての自分の考えを変え、鈴木さんは信頼できないと思う	1.86	1.03	1.66	0.81			
7 鈴木さんの言うことにも一理あると考え、自分の意見が間違っている可能性があると考える	3.77	1.02	4.30	0.81			
8 鈴木さんに自分の意見や自分の市民活動について話すことをやめる	2.97	1.14	3.49	1.23			

*** $p<.001$, ** $p<.01$, * $p<.05$, + $p<.10$

※ 場面 A の内容は次のとおり。
鈴木さんは死刑反対論者で、死刑反対の市民運動のリーダーとして活躍していた。鈴木さんは、山本さんの会社の信頼のおける同僚であるが、山本さんが死刑反対論者であることを知らなかった。ある日、鈴木さんは、山本さんに自分の意見を話した。それは、「犯罪を削減し、社会を凶悪な犯罪から守るのに、もっとも効果的なのは、死刑を執行することだ。だから、死刑執行を躊躇してはいけない」というものだった。

Table 4-2　場面 B　適切性評定

	国際関係 (N=74)		法 (N=47)		F値		
	平均	SD	平均	SD	行動	学部	交互作用
1　内心、ショックで怒りを感じるが、彼を楽しませようと努力する	4.09	1.05	4.30	1.06	76.299***	.157	.544
2　娘と彼に、自分は結婚に反対であると、率直に述べる	2.47	1.20	2.66	1.34			
3　人種偏見をもっていないように、ふるまい、笑顔で行動する	3.94	1.06	3.89	1.31			
4　自分では彼らの結婚を絶対に許さないと思っているが、彼らに対しては結婚に好意的であると話す	3.56	1.19	3.38	1.45			
5　率直に自分の不快感を表現する	1.87	1.03	1.89	1.13			

*** $p<.001$. ** $p<.01$. * $p<.05$. + $p<.10$

※ 場面 B の内容は次のとおり。
佐藤さんは自分でも克服できない強い人種偏見をもっている。自分の愛する一人娘が同じ人種以外の人種の人と結婚することなど考えられない。しかし、ある日、娘が肌の色の異なる男性を家に連れてきて、この人と結婚すると紹介した。

Table 4-3　場面 C　適切性評定

	国際関係 (N=74)		法 (N=47)		F値		
	平均	SD	平均	SD	行動	学部	交互作用
1　安全は自己責任と考え、近藤さんと一緒に岩場の先端まで行ってみる	3.54	1.11	3.70	1.25	28.722***	.157	.569
2　ルールを守るように、近藤さんを説得し、遊歩道にとどまる	3.21	0.99	3.34	1.18			
3　安全に景色を楽しむため、遊歩道にとどまるように近藤さんを説得する	3.47	0.95	3.49	1.10			
4　近藤さんの提案が聞こえなかったふりをして、そのまま遊歩道を進む	2.28	1.03	2.11	1.17			
5　遊歩道を外れることはルールで決まっているわけではないので、近藤さんと一緒に岩場に出る	3.15	1.07	3.38	1.13			

*** $p<.001$. ** $p<.01$. * $p<.05$. + $p<.10$

※ 場面 C の内容は次のとおり。
田中さんは、社会の一員としてよりよい社会をつくるために、ルールや決められたことを守ることが重要であると考えている。ある日、親友の近藤さんとキャンプに出かけた。そこは、海岸線に絶壁が入り組んでいる、景色がよいとして有名な海岸だった。歩行者用の遊歩道が整備されていたが、安全のため遊歩道を外れて岩場に出ないように注意を促す標識が立っていた。しかし、近藤さんは、遊歩道の先端を外れて岩場の先端に出てみようと田中さんに提案した。

(F (2.305, 265.051)=76.299, p<.001). 最も適切であると評定した行動は，両学部で「内心，ショックで怒りを感じるが，娘が連れてきた男性に笑顔を見せ，彼を楽しませようと努力する」行動である．この行動は，Iwao（1977）では，アメリカ人によって最も好ましいとして選ばれた1位（57.4%）であった．一方，日本人によっては，最も好ましい行動の3番目（17.6%）であった．本研究で2番目に適切と判断されたのは，両学部で「人種偏見をもっていないようにふるまい，笑顔で行動する」であった．この行動は，Iwao（1997）では，アメリカ人によって最も好ましいとされた2位（20.7%）である．しかし，日本人によっては，1.9%のみが選択した最も選択数の少ない行動である．この2つの行動は，ともに自分の本音とは異なる行動を表出しており，本研究ではそれらの適切性を高く評価している．しかし，Iwao（1997）では，最も好ましいとされた1位（41.7%）は「自分では彼らの結婚を絶対に許さないと思っているが，彼らに対しては結婚に好意的であると話す」という本音と反対の行動の表出であった．ただし，Iwao（1997）では最も好ましい行動の2位（36.1%）だったのは，「娘と彼に，自分は結婚に反対であると，率直に述べる」という本音を表出する行動であった．場面Bに関しては，Iwao（1997）とかなり異なる結果となったといってよいであろう．

　このようにIwao（1997）と同じ2場面であるが，適切性についての判断は，場面AはIwao（1997）とほぼ同様の結果，場面Bは異なる結果となった．

　場面C（Table 4-3）は本研究で新しく作成した場面であるため，Iwao（1997）との比較はできない．場面Cの適切性の評価も行動の主効果のみ有意であった（F (2.254, 254.694)=28.722, p<.001）．両学部ともに最も適切性が高かったのは，「安全は自己責任と考え，近藤さんと一緒に岩場の先端まで行ってみる」行動であった．自分の考えを相手に合わせて変化させ，また，ルールには従わない行動である．しかし，2番目に適切性が高いのは，「安全に景色を楽しむため，遊歩道にとどまるように近藤さんを説得する」行動で，自分の考えを主張する本音と建て前が一致している行動で，また，ルールに従った行動でもある．異なる性質をもつ行動であるが，ともに適切性を高く評価している．

2) 各場面における行動の因子

　各行動を自分が行う程度の評定に基づき，各場面の行動の因子分析（主成分分析，バリマックス回転）を行った．

　場面Aは，3因子を抽出した．第1因子は，「鈴木さんと自分とは，意見が同じであるかのようにふるまう」「鈴木さんが話したことを聞かなかったふりをする」などに負荷量が高く，自分の内心を隠して，相手と自分の意見が同じであるかのようにふるまったり，相手の意見を聞かなかったふりをしたりなど，その場しのぎの行動をする「場優先行動」と考えられる．第2因子は，「自分の意見を表明し，鈴木さんの意見を変えようとする」など，自分の意見を主張し，相手を説得しようとする「自分優先行動」と考えられる．第3因子は，「鈴木さんの言うことにも一理あると考え，自分の意見が間違っている可能性があると考える」「いつもどおりの笑顔で，鈴木さんの話を静かに注意深く聞く」など相手の意見を一理あると考えたり，意見の異なる相手の話を注意深く聞いたりなど，相手の意見を受容しようと努力する「相手優先行動」と考えられる（Table 4-4）．自分優先行動は，自分の意見や信念を表明している点で，自分の態度と行動が一致している行動といえる．それに対して，場優先行動と相手優先行動は，自分の態度と一致しない行動を表出しているが，その性

Table 4-4　場面A（自分）の因子分析

		場優先	自分優先	相手優先
5	鈴木さんと自分とは，意見が同じであるかのようにふるまう	.783	.060	.157
1	鈴木さんが話したことを聞かなかったふりをする	.724	-.014	-.195
8	鈴木さんに自分の意見や自分の市民活動について話すことをやめる	.649	.035	.155
6	鈴木さんについての自分の考えを変え，鈴木さんは信頼できないと思う	.627	.454	-.260
2	自分の意見を表明し，鈴木さんの意見を変えようとする	-.126	.840	.063
4	その場にいる第三者に向かって「あなたは，私に賛成ですよね」と言う	.282	.726	-.085
7	鈴木さんの言うことにも一理あると考え，自分の意見が間違っている可能性があると考える	-.046	.126	.805
3	いつもどおりの笑顔で，鈴木さんの話を静かに注意深く聞く	.089	-.177	.745

Table 4-5　場面 B（自分）の因子分析

		相手優先 －自分優先
3	人種偏見をもっていないようにふるまい，笑顔で行動する	.828
1	内心，ショックで怒りを感じるが，娘が連れてきた男性に笑顔を見せ，彼を楽しませようと努力する	.785
4	自分では彼らの結婚を絶対に許さないと思っているが，彼らに対しては結婚に好意的であると話す	.619
2	娘と彼に，自分は結婚に反対であると，率直に述べる	-.760
5	率直に自分の不快感を表現する	-.816

Table 4-6　場面 C（自分）の因子分析

		相手優先 －自分優先
5	遊歩道を外れないことはルールで決まっているわけではないので，近藤さんと一緒に岩場に出る	.804
1	安全は自己責任と考え，近藤さんと一緒に岩場の先端まで行ってみる	.787
4	近藤さんの提案が聞こえなかったふりをして，そのまま遊歩道を進む	.403
2	ルールを守るように，近藤さんを説得し，遊歩道にとどまる	-.809
3	安全に景色を楽しむため，遊歩道にとどまるように近藤さんを説得する	-.824

質は異なる．場優先行動は，自分の意見を変えないが，表面的には相手に反対しないという態度と行動の明らかな不一致である．相手優先行動の場合は，現時点では自分の態度と異なるが，相手の意見を受容しようとする行動である．

　他の 2 場面は，ともに 1 因子構造と考えられる．場面 B は，「人種偏見をもっていないようにふるまい，笑顔で行動する」など態度と行動が不一致の相手優先行動が正の負荷量をもつのに対し，「率直に自分の不快感を表現する」など態度と行動が一致する自分優先行動が負の負荷量をもつ（Table 4-5）．

　場面 C も「遊歩道を外れないことはルールで決まっているわけではないので，近藤さんと一緒に岩場に出る」など相手の意見を受け入れて一緒に岩場に出る相手優先行動が正の負荷量をもつのに対し，「安全に景色を楽しむため，

Table 4-7　各下位尺度の記述統計

評価視点	行動特徴	α	国際関係 $N=72$ 平均	SD	法 $N=47$ 平均	SD
自分	場面 A 場優先	0.661	2.47	0.78	2.57	0.87
	場面 A 自分優先	0.629	2.13	0.76	2.04	0.79
	場面 A 相手優先	0.534	3.49	0.86	3.70	0.78
	場面 B 相手優先	0.825	3.15	0.84	2.89	1.06
	場面 C 相手優先	0.776	2.54	0.72	2.17	0.79
典型性	場面 A 場優先	0.575	3.47	0.79	3.81	0.74
	場面 A 自分優先	0.411	2.57	0.77	2.57	0.80
	場面 A 相手優先	0.505	3.73	0.79	3.68	0.80
	場面 B 相手優先	0.825	3.58	0.90	3.83	0.76
	場面 C 相手優先	0.776	2.99	0.81	3.13	0.84
適切性	場面 A 場優先	0.675	2.87	1.02	2.94	1.01
	場面 A 自分優先	0.713	1.95	0.91	1.78	0.62
	場面 A 相手優先	0.590	3.91	0.82	4.35	0.68
	場面 B 相手優先	0.752	3.85	0.75	3.80	0.94
	場面 C 相手優先	0.685	2.86	0.67	2.87	0.81
義務	場面 A 場優先	0.667	2.24	0.80	2.14	0.85
	場面 A 自分優先	0.553	2.29	0.81	2.13	0.79
	場面 A 相手優先	0.616	3.52	1.01	4.07	0.84
	場面 B 相手優先	0.697	3.10	0.84	3.14	0.80
	場面 C 相手優先	0.757	2.26	0.76	1.71	0.65

遊歩道にとどまるように近藤さんを説得する」等，相手を説得する自分優先行動が負の負荷量をもつ（Table 4-6）.

　場面 B，C ともに，相手優先行動（態度と行動の不一致）—自分優先行動（態度と行動の一致）の 1 次元となった.

　自分が行う程度の判断から抽出された因子であるが，これをもとに，各評価視点について，行動の特徴を表す下位尺度を作成した. 場面 A については，3つの下位尺度を作成した. 場面 B，C については，得点が高いほうが相手優先行動となるよう，負の負荷量をもつ項目については逆転処理を行い，それぞれ 1 尺度とした.

　各下位尺度の記述統計を Table 4-7 に示す. 各尺度についてのクロンバッ

クのαをみると，場面Aの3尺度については，各因子に含まれる項目数が少ないため，α係数が比較的低かった（$\alpha s = .411 \sim .713$）が，他はおおむね高い内的一貫性（$\alpha s = .685 \sim .825$）が得られた．自分が行うと思う評定による因子分析に基づいた下位尺度であるが，この下位尺度を他の評価視点に使用しても問題ないと判断した．

3) 各下位尺度における評価視点と専門性による影響

各場面における行動について，評価視点と学部による2要因の分散分析を行った．

場面A（Figure 4-1 〜 4-3）では，すべての評価視点で相手優先行動の得点が高く，この場面では，相手の意見を受け入れる行動が義務で適切であり，典型的な日本人も自分も行うと考える傾向があることがわかる．

場面Aで相手の意見を受容しようとする相手優先行動（Figure 4-1）は，評価視点の主効果（$F (3, 348) = 10.601, p < .001$），専門性の主効果（$F (1, 116) = 7.899, p < .01$），交互作用（$F (3, 348) = 3.837, p < .05$）のすべてが有意であった．場面Aの相手優先行動を日本人の典型的な行動であると考える程度は国際関係学部も法学部も同程度であるが，義務で適切であると考え，また，自分もそうするというのは，国際関係学部の学生より法学部の学生のほうが高かった．この行動は，死刑に賛成する相手の意見を受け入れる行動であることが影響していると思われる．死刑賛成という現行の法律と一致する意見を受け入れるのは，法学部では義務であり，適切な行動で，自分もそうすると考えやすいのではないだろうか．

場面Aでは，自分の態度と不一致の行動を表出する場優先行動（$F (3, 348) = 70.659, p < .001$）や態度と一致した行動を行う自分優先行動（$F (3, 348) = 23.522, p < .001$）は，評価視点の主効果のみが有意で，専門性の違いによる差はみられなかった．

場面Aで相手と意見が同じふりをするなどの場優先行動（Figure 4-2）は，典型的な日本人が行うと思う程度に比べて，義務でもなく，適切でもなく，また，自分が行うと思う程度は低い．また，場面Aで自分の意見を主張する自

第4章　本音と建て前の二重構造

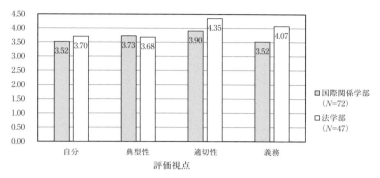

Figure 4-1　場面A　相手優先行動

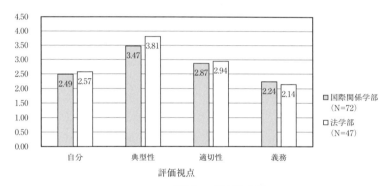

Figure 4-2　場面A　場優先行動

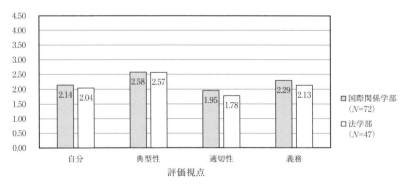

Figure 4-3　場面A　自分優先行動

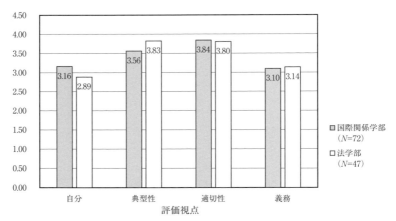

Figure 4-4　場面B　相手優先行動

分優先行動（Figure 4-3）は，適切であると思う程度に比べて，典型的な日本人が行い，義務で，自分も行うと考える．しかし，平均点はすべて理論的中間点の 3.00 より低く，この場面で自己主張をするような行動は不適切ではあるものの，典型的な日本人も自分も行うことがあると考えているといえる．

場面Bで本音を隠して相手を優先する行動（Figure 4-4）は，評価視点の主効果のみが有意であった（$F(3, 345) = 20.495, p < .001$）．内心は結婚に反対であるのに，それを表現しないのは，典型的な日本人が行い，適切な行動であると思う程度に比べると，義務を守ると思わず，自分も行わないと考えている．

場面C（Figure 4-5）では，評価視点の主効果（$F(3, 339) = 57.159, p < .001$）と交互作用（$F(3, 339) = 6.104, p < .001$）が有意であった．ルールを守らない相手を優先する行動は全体的に得点が低く，義務でも適切でもなく，自分も行わないが，典型的な日本人はやや行いがちであると考えている．しかし，ルールに従わない相手の意見を優先することが義務であり，自分も行うと考える程度は，法学部の学生より国際関係学部の学生のほうが高かった．場面Cの相手優先行動は，ルールを逸脱する行動であることが影響していると考えられる．

場面Aの相手優先行動や，場面Cの行動で判断に専門性の違いがみられるのは，「法律」という枠組みの中で善悪を判断すると考えられる法学部と，異文化における多様な価値観を受け入れるという姿勢で行動の適切性を判断する

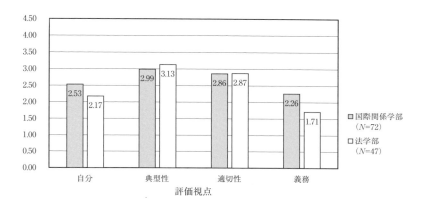

Figure 4-5 場面C 相手優先行動

と考えられる国際関係学部の専門性による違いを反映していると考えらえる.

4) 評価視点の相関

　自分が行うと思う行動,また,適切と思う行動に影響を与えている判断を知るため,場面ごとに各評価視点との相関を求めた.

　場面A (Table 4-8) では,場優先行動,自分優先行動を自分が行うと考える程度は,両学部ともそれが適切であると考える程度（場優先：国際 $r=.314$, 法 $r=.293$；自分優先：国際 $r=.494$, 法 $r=.294$）と弱い～中程度の正の相関を示した.また,自分優先行動を行うと考える程度は,両学部とも日本人の典型的な行動と考える程度（国際 $r=.399$, 法 $r=.416$）,義務と考える程度（国際 $r=.315$, 法 $r=.487$）とも弱い～中程度の正の相関を示した.自分優先行動や相手優先行動を適切と考える程度は,両学部とも義務と考える程度（自分優先：国際 $r=.320$, 法 $r=.423$；相手優先：国際 $r=.431$, 法 $r=.446$）と中程度の正の相関を示した.

　場面Aでは,相手と同じ意見であるかのようにふるまうなど,本音を隠してその場の協調的雰囲気を壊さないようにふるまう場優先行動は,相手との人間関係を重視した相互協調的な行動で,典型的な日本人が行うと考えられるが,このような場優先行動を自分が行うのは,周囲の典型的な日本人がそうす

Table 4-8 場面A　自分が行う程度，適切性との相関

		自分			典型性			適切性			義務		
		場優先	自分優先	相手優先	場優先	自分優先	相手優先	場優先	自分優先	相手優先	場優先	自分優先	相手優先
自分													
場優先	国際関係	1	.368**	.154	.139	.124	.137	.314**	.179	-.023	.221	.171	-.272*
	法	1	.347*	-.068	.088	.021	.019	.293*	.109	-.158	.419**	.339*	-.025
自分優先	国際関係	.368**	1	.090	-.071	.399**	.039	.080	.494**	-.217	.061	.315**	-.184
	法	.347*	1	-.224	-.023	.416**	.005	.267	.294*	-.062	.369**	.487**	-.206
相手優先	国際関係	.154	.090	1	.067	.155	.254*	-.243*	-.074	.230	-.022	-.271*	.203
	法	-.068	-.224	1	.235	-.314*	.122	-.004	-.137	.240	-.142	-.230	.207
適切性													
場優先	国際関係	.314**	.080	-.243*	.074	.083	.044	1	.139	-.076	.257*	.332**	-.016
	法	.293*	.267	-.004	.150	-.040	.233	1	-.013	.003	.236	.482**	-.171
自分優先	国際関係	.179	.494**	-.074	-.255*	.348*	-.174	.139	1	-.572**	.201	.320**	-.247*
	法	.109	.294*	-.137	-.093	.159	-.230	-.013	1	-.411**	.065	.423**	-.238
相手優先	国際関係	-.023	-.217	.230	.052	-.177	.146	-.076	-.572**	1	-.158	-.130	.431*
	法	-.158	-.062	.240	.477**	-.127	.426**	.003	-.411**	1	-.044	-.307*	.446**

※ ** は $p<.01$，* は $p<.5\%$ を示す．

第 4 章　本音と建て前の二重構造

Table 4-9　場面 B　自分が行う程度，適切性との相関

		自分	典型性	適切性	義務
自分	国際関係	1	.193	.203	.212
	法	1	.055	.065	.087
適切性	国際関係	.203	.181	1	.404**
	法	.065	.100	1	.283

※　** は $p<.01$，* は $p<.5\%$ を示す．

Table 4-10　場面 C　自分が行う程度，適切性との相関

		自分	典型性	適切性	義務
自分	国際関係	1	.070	.330**	.345**
	法	1	-.003	.128	.436**
適切性	国際関係	.330**	.239*	1	.241*
	法	.128	.213	1	.133

※　** は $p<.01$，* は $p<.5\%$ を示す．

るからというより，それが適切であるとみなすことと関連していると考えられる．また，相手と異なる自分の意見を表明し，相手の意見を変えようとする自分優先行動は相互独立的自己観を反映していると考えられるが，この行動を自分が行うのは，義務であり，適切であり，周囲の典型的な日本人もそうするとみなす程度と関連していると考えられる．適切と考える行動は，周囲の典型的な日本人が行う行動というより，義務と考える行動だということが示されている．

　場面 B（Table 4-9）では，両学部とも，結婚反対の本音と異なる行動を表出するのは，他のどの評価視点とも有意な相関はなかった．このような行動を適切と考える程度は，国際関係学部では義務を果たすと考える程度と中程度の相関を示した（$r=.404$）．法学部では，適切と考える程度と義務を果たすと考える行動に相関はない．この場面では，各評価視点は比較的独立していると考えられる．調査対象者の年齢が若く，この場面での親の立場と同一視することが難しかったこと，日本人にとってあまり身近ではない場面であったことが影響したかもしれない．

　場面 C（Table 4-10）では相手のルール逸脱行動につきあって，自分もルー

95

ルを逸脱すると考える程度は，その行動を義務と考える程度と中程度の相関（国際 $r=.345$, 法 $r=.436$），また，国際関係学部では適切性（$r=.330$）とも中程度の相関を示した．適切性は，国際関係学部では典型的な日本人が行うと考える程度と弱い相関（$r=.239$）を示した．この場面で，自分の本音とは異なり，ルールを逸脱する相手を優先する行動を自分が行う程度は，それが義務であるとか，適切であると考えることと関連することを示している．また，そのような行動を適切であると考えることと，典型的な日本人が行うと考えることは関連している．

　総合的にみると，場面Bに関しては，各評価視点が比較的独立しているが，場面A，Cでは，行動の選択は，典型的な日本人が行うかどうかというより，その行動を適切と考えたり，義務と考えたりすることの影響が強い可能性が示された．

4-4. 総合的考察

　本音と建前のような態度と行動が一致しない行動と，態度と一致している行動という視点で，行動の選択に影響を与える要因を検討した．しかし，本研究の場面Aでは，態度と不一致の行動でも，「意見が同じであるかのようにふるまう」などその場を優先する行動と，「自分が間違っている可能性があると考える」などの相手を優先する行動がある可能性が示唆された．態度と行動が一致しているか，不一致かという視点だけでなく，より詳細な視点が必要なことが示唆される．

　また，Iwao（1997）で使用された場面と同一の設問では，本研究の場面Bで適切と考える行動とIwao（1997）で日本人が好ましいとした行動に違いのあるものがあった．場面Bでは「内心，ショックで怒りを感じるが，娘が連れてきた男性に笑顔を見せ，彼を楽しませようと努力する」行動が本研究では最も適切と考えられていたが，Iwo（1977）では，アメリカ人によって最も好ましいとして選ばれた1位であり，日本人にとっては最も好ましい行動の3番目であった．また，本研究で2番目に適切と判断された「人種偏見をもっていない

96

ようにふるまい，笑顔で行動する」行動は，Iwao（1997）では，アメリカ人によって最も好ましいとされた2位，日本人によっては1.9%のみが選択した最も選択数の少ない行動である．このような違いは，時代の相違とも考えられるが，本研究で示されたように調査対象者の専門性による影響があるのであれば，「日本人」とされた調査対象者の背景により，結果が異なる可能性がある．それは，「アメリカ人」についても同様と考えられる．

　本研究では，重要他者と意見の相違がある場面で自分が行うと考える行動は，必ずしも相手に合わせた相互協調的な，態度と不一致の行動というわけでないことが示された．場面によって，たとえば，場面Cのルールに反する行動を相手が表出するような場面では，典型的な日本人は相手に合わせる行動をとりがちだと判断しながらも，自分ではルールを重視する自分の態度と一致する行動を選択することを示している．これは，日本人は，ルールへの依存度が低いとされていることに，慎重な見方が必要なことを示唆している．本研究の対象者は，典型的な日本人は，従来信じられてきているように，相互協調的に相手に合わせて，ルールに依存しない行動をとると考えている．しかし，自らはルールを重視する自分の態度を優先するという相互独立的な行動を行うと考えている．これは，橋本（2011）が，周囲の人が相互協調的自己観をもつと信じているため，自らの態度とは異なり，相互協調的な行動を表出すると考えていることとも一致しない．本研究のこの場面のみに特殊な傾向であるのか，今後の研究が必要である．

　全体的には，自分が行うと思う程度と義務と考える程度や適切と考える程度との間には相関がみられるが，典型的な日本人が行うと思う程度との相関は，ほとんどみられなかった．これは，周囲の典型的な日本人が行う行動に合わせて行動するというより，自分が義務と考えたり，適切と考えたりする行動を行うことを示唆している．したがって，日本人が相互協調的な行動をとるのは，「他者が相互協調的な信念をもっている」と考える他者に関する信念が大きな要因であると考える橋本（2011）とは，必ずしも一致しない．しかし，このような判断には，場面や専門性の影響もみられた．

　また，場面ごとの評価視点と専門性の2要因の分散分析において，場面により，専門性の影響がみられるものがあった．本研究で設定した場面Aは

死刑制度に関するもの，場面 C はルール遵守に関するものであった．それら
は，本研究の研究対象者の専門性に関わるものである．調査対象者の知識・経
験などの背景により同一文化内でも，適切と考える行動に違いがみられること
が示唆された．この種の研究では，場面の選択は重要である．

※　本研究は，平成 26 年度日本大学学術研究助成金（総合研究：課題番号　総 14-
　　001, 研究代表者　和田万紀）の補助を受けて行われた研究の一部である．また，
　　データの一部は，「伊坂裕子・和田万紀（2017）．社会的行動の適切さ判断―義
　　務を基盤とする道徳観と言動の不一致解消―　国際関係学部研究年報第 38 集,
　　pp.13-27」として発表された．

第 5 章

日本におけるスピリチュアルな態度
日本における人格の成長

5-1. 日本の spirituality をとらえる

　1998 年に WHO（世界保健機関）の「健康」の定義に spiritual な側面を加えることが提案され，結果的には総会での審議は見送りとなったが，これをきっかけに欧米を中心に spirituality に対する関心が高まった．欧米諸国では spirituality に関する実証的研究も増加し，健康問題，心理状態や宗教性との関連について検討されている（Mytko & Knight, 1999; Zinnbauer Pargament, & Scott, 1999; Hill & Pargament, 2003）．これらの研究では，おおむね spirituality は精神的健康や QOL（生活の質）に肯定的な影響を与える重要な領域とされている．1998 年にセリングマン（Seligman）が設立したポジティブ心理学でも，注目される概念となっている．

　しかし，spirituality の定義は，領域や研究者によって多種多様である．狭義には宗教性（神，魂，霊）と同義であり，広義には，個人の信念や価値観・人生観に基づき，生きがい，道徳心，社会奉仕，他者とのつながりなどを含んでいる．日本においては，spirituality の訳語として「霊性」「精神性」「スピリチュアリティ」などが使用されるが，それぞれの訳語と英語の spirituality のニュアンスが異なり，定義や考え方を統一することが難しい．本書では，spirituality を訳さずに使用し，また，宗教性の薄い，広義の spirituality を反映した日本人の spirituality を「スピリチュアルな態度」と呼ぶこととする．

　spirituality は，宗教性の低い国民性をもつ日本人には理解が難しい概念の一つと考えられる．日本では，看護や医療の分野で，スピリチュアルケアとして使用されることが多いが，その意味合いも日本独特のものであるという．中村・長瀬（2004）は，看護医療分野における spirituality の概念を調査し，「わが国では spirituality を実存性の次元でとらえようとする傾向が強く，ターミナルケア，緩和ケアといった限定された文脈において，病者の生きる意味と目的の探求を支援する『身体的，社会的，精神的ケア』という意味合いで spirituality を位置づけようとしている」と述べている．海外に目を向けると，宗教性に限定されない spirituality の定義としては，ワイルが secular spirituality（世俗的霊性）という言葉を使っている（Weil, 2011=上野訳, 2012）．そ

の中で，spirituality は神を信じることや宗教儀式ではなく，「総合的なセルフケアの一部として，非物質的・本質的な自己の存在を認め，それに心を寄せる」ことと定義し，自然とのふれあい，芸術や美の鑑賞，共感と慈悲心，そして感謝の心などをスピリチュアルな健康法として紹介した．

　spirituality は，また，ポジティブ心理学の中でも注目されている．Peterson と Seligman（2004）は，ポジティブ心理学の最初のステップとして，人格の強みのリストを作成した．ポジティブ心理学とは，心理学が病理や人間の性質の弱い部分に目を向け，よい側面や強い部分に目を向けてこなかったという点を問題として，セリングマンが創設したものである．彼らは，宗教の聖典からボーイスカウトの宣誓書に至るまで，さまざまな徳（virtue）のリストを調査した．そして，共通のものを見出そうとしたが，すべてのリストに登場するような徳はなかった．しかし，ほとんどすべてのリストに登場するものとして，「知恵」「勇気」「人間性」「正義」「節制」「超越性」の6つの大きな徳の枠組みを設定した．そして，その下位概念として24の人格の強みを特定した．spirituality は，「超越性」の徳につながる7つの強みの一つとされた．彼らの定義では，「超越性」は，「より大きな宇宙とのつながりを創生したり，意味を提供したりするような強み」となり，「spirituality」は，「人生におけるより高い目標や意味に関する一貫した信念をもつこと」とされている．

　このように，広義の spirituality には，道徳心や他者とのつながり，人生の意味の探求などを含むと考えられ，このような側面は文化的自己観との関係が深いものと考えられる．そこで，本章では，宗教に限定されない広義のスピリチュアルな態度を測定するために筆者らが開発した尺度を用いた調査により，日本人の相互協調的自己とスピリチュアルな態度について考察する．

　欧米では spirituality を測定する尺度が多く開発されているが，文化や宗教性の違いがあるため，日本でそれらの翻訳版を使用することは難しいと考える．そこで，筆者らはスピリチュアルケアに限定せず，健康な日本人について，広義のスピリチュアルな態度を測定するオリジナルの尺度を開発した（Table 5-1 参照）．

　開発の手順としては，まず，共同研究者の一人，医師の佐久間哲也が先行研究や既存の尺度を参考に spirituality の傾向を評価する尺度を試作した．それ

をもとに，筆者らが広義の spirituality と関連のあると思われる領域から質問項目を加え，50項目から構成される質問票を作成，大学生・社会人を対象に実施した．因子分析の結果，安定した3因子を得ることができた．第1因子は，社会貢献や他者への感謝などの行動により，他者や社会との良好な関係性を築く「社会・他者のつながり（社会）」，第2因子は，超越した力や目に見えない世界を信じる「信仰的感性（信仰）」，第3因子は，人生の目的に関して満足や安寧を感じる「人生への満足感（満足）」であった．各因子への因子負荷量や項目の意味を考慮し，社会8項目，信仰8項目，満足4項目を抽出した．さらに，因子分析では抽出されなかったが，臨床・教育・福祉などの現場で，個人の spirituality を評価するために重要と思われる5項目を追加し，全25項目の尺度を作成した．これらの項目に「全然当てはまらない」〜「当てはまる」の5段階で回答を求め，1〜5点を与えて下位尺度ごとに単純加算し，項目数で除した平均値を求める．25項目中7項目は逆転項目である．

　SS-25は，大学生，社会人を対象に実施され，十分に高い内部一貫性を得ることができたことから信頼性を確認した．また，因子分析の因子の安定性，および宗教との関連により，妥当性を確認した．

　本章では，この尺度を用いた研究により，日本人の相互協調的自己観に基づくスピリチュアルな態度を考察する．

5-2. スピリチュアルな態度と自動思考および自己超越性との関連（研究5-1）

　前述のとおり spirituality は日本人にとって，理解の難しい概念の一つである．本研究では，日本人のスピリチュアルな態度の特性をとらえることを目的とする．

　Peterson と Seligman（2004）の人格の強みのリストでは，spirituality は超越性という徳につながる強みの一つとされている．超越性は，「自己よりも大きな何かとつながりを形成する能力」とされ，「より大きな宇宙とのつながりを創生したり，意味を提供するような強み」となる．Peterson と Seligman（2004）は，spirituality の上位概念として，超越性を考えている．また，Haidt

（2006）は，社会的世界について，人のこころは，親密さや好き嫌いという水平次元と，社会階層や地位といった垂直次元に加えて，神聖性という第3の次元を感受すると主張している．神が存在するかしないかにかかわらず，神聖性や神々しさを感受すると主張している．そして，Shwederら（1997）が，道徳概念を，①自律性の倫理，②コミュニティの倫理，③神聖性の倫理と分類したことに関連づけ，神聖性という第3の次元の高揚を引き起こすのが，神聖性の倫理という徳であるとしている．さらに，このような神聖性の高揚を引き起こすものとして，神聖性の倫理の他に，超越性や畏敬を挙げている．このように，神の存在を前提としない理論の中で，spiritual な経験と超越性は関連が深いものとして扱われている．

　このような自己超越性をとらえる尺度は開発されていないが，Cloningerら（1993）は，気質と性格の7次元モデルの中で，後天的に形成される性格の一つとして，自己超越性の次元を考えている．自己超越性は，統一的全体の本質的・必然的部分として考えられるすべてのものを確認することとされ，①自己忘却（対 自己意識経験），②霊的現象の受容（対 合理的物理主義），③超個人的同一化（対 自己弁別）の次元を含む（木島, 1996）．このような自己超越性は，Peterson & Seligman（2004）の超越性に通じるものと考えられる．また，Cloningerらも，自己超越性を含めた3次元の性格が成人や青年のウェル・ビーイング（幸福感，満足感）に影響を与えることを指摘し，精神的健康を高めるために，生理的・心理的・社会的，そして，spriitual な方法を統合することを提唱している（Cloninger, 2006; Josefsson, et. al., 2011; Moreira, et. al, 2015）．

　そこで，本研究では，日本人のスピリチュアルな態度を理解するため，Cloningerら（1993）の自己超越性の概念との関連を検討する．両者の相関は高いと予想する．

　また，欧米の研究では，スピリチュアルな態度は，精神的な健康や人生の満足感と関連すると考えられている．しかし，SS-25 を使用した日本人を対象とした研究では，スピリチュアルな態度と抑うつの間に一定の関係が見出されたものの，明確な関係はみられなかった（Kimura, et. al., 2015; 木村ほか, 2016）．宗教性の薄い日本人にとって，スピリチュアルな態度が低いことが，必ずしも精神的に不健康というわけではない可能性も考えられる．そこで，本研究で

は，抑うつと関連する認知的要素である自動思考を測定することで，抑うつという不快状態を経験する前段階の思考傾向とスピリチュアルな態度の関連を検討する．自動思考とは，出来事や状況に接したとき，自然発生的にすばやく頭に浮かぶ考えのことで，これが感情と関連すると考えられている．認知療法では，否定的な自動思考に気づき，修正することで，気分の改善を図っている．

〖方法〗

1）調査対象者

大学生 103 名（男性 49 名，女性 54 名，平均年齢 20.5 歳）．

2）使用尺度

（1）SKY 式精神性尺度（SS-25）

広義の spiritual な態度を測定する．Table 5-1 に示す 25 項目について「当てはまる」〜「全然当てはまらない」の 5 段階評定．1〜5 点を与えて平均を求めることにより，各因子，および，尺度全体の得点を計算した．25 項目中 7 項目は逆転項目である．

（2）自己超越性

日本語版 TCI（木島他，1996）から自己超越性の 33 項目について，はい・いいえの 2 件法で回答を求め，はいの場合に 1 点を与え，合計点を求めた．

（3）自動思考

ATQ-R 短縮版（坂本，2004）を使用．否定的自動思考 6 項目，肯定的自動思考 6 項目の計 12 項目について，最近の 1〜2 週間で「まったく思い浮かばない」〜「いつも思い浮かぶ」の 5 段階評定．1〜5 点を与えて平均値を求めることで，得点を計算した．

第 5 章　日本におけるスピリチュアルな態度

Table 5-1　SS-25 の項目

社会（社会・他者とのつながり）

1		他人を助けることに喜びを感じる
2		社会がよくなるために，何かできることをやってみたい
3		相手が幸せそうにしていると，自分のことのようにうれしくなる
4		自然とのふれあいを楽しんでいる
5		芸術（絵画や音楽など）に癒される
6		未来の子どもたちのために自然を残していきたい
7		今の自分があるのは，多くの人のおかげと，感謝している
8		迷惑をかけたときは，相手に謝る

信仰（信仰的感性）

1		偶然とは思えない出来事を経験した
2		家族の幸福を願い，神仏などに祈ることがよくある
3		宿命や運命を感じる
4	*	天国（極楽）・地獄などは，迷信である
5		祖先や子孫と「見えない糸」でつながっている
6		目に見えない何かに守られている
7		人は死んでも，魂は永遠である
8		自分は，大きな見えない力によって生かされている

満足（人生への満足感）

1		自分の人生に満足している
2	*	あのときもっと別の選択をすべきだったと，後悔している
3		心の安らぎを感じている
4	*	自分は他の人より不運だと感じることがある

その他

1	*	身近にどうしても受け入れられない人がいる
2		反対意見にも耳を傾けるようにしている
3	*	占いの結果が悪いと，気になる
4	*	今の社会は，一度壊れなければならない
5	*	幸福そうな人を見ると，嫉妬することがある

※　*は逆転項目を示す.

〚結果〛

1）各尺度の記述統計と相関

　SS-25，自己超越性，自動思考の下位尺度について，クロンバックの α を求

Table 5-2　各尺度の記述統計量

	項目数	a	平均値	SD
否定的自動思考	6	0.866	2.61	0.95
肯定的自動思考	6	0.844	3.29	0.82
スピリチュアルな態度	25	0.813	3.42	0.48
社会	8	0.831	4.06	0.66
信仰	8	0.744	3.12	0.73
満足	4	0.527	3.06	0.72
自己超越性	33	0.822	14.23	5.67
霊的現象の受容	13	0.619	6.13	2.42
自己忘却	11	0.614	5.31	2.26
超個人的同一化	9	0.702	2.80	2.19

めたところ，SS-25 の下位尺度である満足は，$a=.527$ と内的整合性がやや低かった（Table 5-2）．しかし，尺度として使用可能と判断した．

　SS-25 の下位尺度の中では，「社会」が最も平均得点が高かった．これは，木村ら（Kimura, et. al., 2015; 木村ほか, 2016）と同様の傾向で，日本人のスピリチュアルな態度は，他者や社会とのつながりという面で最も表出しやすいのかもしれない．

　SS-25 と自動思考，自己超越性の各下位尺度間の相関を求めた（Table 5-3）．SS-25 は，全体として，肯定的自動思考（$r=.665, p<.001$），自己超越性（$r=.467, p<.001$）と正の相関，否定的自動思考（$r=-.268, p<.01$）と弱い負の相関がみられた．つまり，SS-25 で測定されるスピリチュアルな態度が高くなるほど，肯定的自動思考や自己超越性は高く，否定的自動思考は低くなるという関係があることが示された．

　SS-25 の下位尺度である社会は，否定的自動思考，自己忘却を除くすべての下位尺度と .2 以上の相関をもち，特に，肯定的自動思考（$r=.521, p<.001$）と中程度の正の相関を示した．信仰は，自己超越性のすべての下位尺度と .2 以上の相関をもち，自己超越性との関連が強い下位尺度であることが示された．また，肯定的自動思考（$r=.420, p<.001$）と中程度の正の相関を示した．満足は，肯定的自動思考（$r=.609, p<.001$）と中程度の正の相関，否定的自動思考（$r=-.555, p<.001$）と中程度の負の相関を示し，自動思考との関連が強い傾向が

Table 5-3 スピリチュアルな態度 (SS-25) と各尺度間の相関

| | 否定的自動思考 | 肯定的自動思考 | スピリチュアルな態度 (SS-25) | | | | 自己超越性 | | | |
			全体	社会	信仰	満足	全体	霊的現象の受容	自己忘却	超個人的同一化
SS-25	-.268**	.665**	1	.802**	.779**	.535**	.467**	.449**	.232*	.473**
社会	-.194*	.521**	.802**	1	.459**	.265**	.336**	.234*	.194*	.411**
信仰	.038	.420**	.779**	.459**	1	.156	.459**	.506**	.238*	.385**
満足	-.555**	.609**	.535**	.265**	.156	1	.214*	.186	.113	.231*

※ ** は1%水準で有意（両側），* は5%水準で有意（両側）であることを示す．

みられる.

　肯定的自動思考は,SS-25 のすべての下位尺度と.4 以上の中程度の正の相関を示した.

　自己超越性に関しては,肯定的自動思考（r=.324, p<.001）と弱い正の相関を示したものの,否定的自動思考（r=-.053, p=n.s.）との有意な相関はみられなかった.

2) スピリチュアルな態度と肯定的自動思考,自己超越性

　自己超越性を従属変数とし,スピリチュアルな態度,否定的自動思考,肯定的自動思考を独立変数とするステップワイズ法による重回帰分析を実施した.その結果,スピリチュアルな態度のみを投入するモデルが有意となった（R^2=.210, p<.001）.スピリチュアルな態度の標準編回帰係数は,β=.467（p<.001）であった.また,スピリチュアルな態度を従属変数とし,否定的自動思考,肯定的自動思考を独立変数とするステップワイズ法による重回帰分析を実施した.その結果,肯定的自動思考のみを投入するモデルを採用した（R^2=.437, p<.001）.肯定的自動思考の標準編回帰係数は,β=.665（p<.001）となった.つまり,肯定的自動思考が高いことが,スピリチュアルな態度を育成し,スピリチュアルな態度が自己超越性とつながるという関係が示唆された（Figure 5-1）.

〖考察〗

　SS-25 の下位尺度の中では,社会の得点が最も高く,相互協調的自己観をもつ日本人のスピリチュアルな態度の特徴を示すものと考えられる.

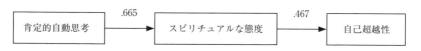

Figure 5-1　スピリチュアルな態度,自動思考,自己超越性の関係

第5章 日本におけるスピリチュアルな態度

SS-25 の得点と自己超越性との間には，正の相関がみられ，SS-25 で測定されるような日本人のスピリチュアルな態度は Cloninger ら（1993）の自己超越性と関連が高いことが示された．また，肯定的自動思考の高さがスピリチュアルな態度を育成し，そのスピリチュアルな態度が自己超越性につながるという関連が示唆された．スピリチュアルな態度が自己超越性につながることは，Peterson と Seligman（2004）が自己超越性の徳につながる人格的な強みとして spirituality を考えていることや，Cloninger ら（Cloninger, 2006; Josefsson, et. al., 2011; Moreira, et. al., 2015）がスピリチュアルな側面の育成がウェルビーイングにつながると考えていることとも一致する．そのスピリチュアルな態度が肯定的自動思考を通して育成されるというのは，興味深い．

スピリチュアルな態度と否定的自動思考の間には弱い負の相関，肯定的自動思考の間には中程度の正の相関がみられた．否定的自動思考は抑うつとの直接的な関連が示され，肯定的自動思考の増加より，否定的自動思考の減少が抑うつ感の低減に強く関係することが報告されている．一方，肯定的自動思考は抑うつとの直接的関係だけでなく，ストレス緩衝効果があるという主張もある．

木村ら（Kimura, et. al., 2015; 木村ほか, 2016）では，満足と抑うつの間には中程度の負の相関がみられたが，スピリチュアルな態度全体と抑うつとの間には相関がみられなかった．本研究では，抑うつと関連のある自動思考とスピリチュアルな態度との間の関連が示された．宗教性の低い日本人の場合，spirituality の低さと抑うつという症状との間に直接的な関連はないが，抑うつの前段階と考えられる思考傾向とスピリチュアルな態度の間には弱いながらも相関がみられたことは興味深い．大学生時代のスピリチュアルな態度と将来の抑うつ感の抱きやすさが関連するのかもしれない．

また，本研究では，スピリチュアルな態度は否定的自動思考より肯定的自動思考との関連が強く認められた．肯定的自動思考はストレス緩衝効果があるという主張もあるが，spirituality は心的外傷後成長（PTG）と関連することも報告されている．肯定的自動思考，スピリチュアルな態度，ともにストレス状況における精神的安定と関連が深いことが示唆される．

5-3. 人生の意味の探索とスピリチュアルな態度の関係 (研究 5-2)

　前述のように，spirituality に関する関心は高まっているが，spirituality の定義は多様なうえ，宗教性の低い日本人には理解が難しい概念の一つと考えられる．研究 5-1 では，木村ら (2012) が開発した SS-25 を用い，日本人の広義のスピリチュアルな態度は自己超越性や肯定的自動思考と関連が高いことを示した．

　spirituality は，また，人生の満足感にも関連し，生きる意味について考えを深めようとする態度も含まれる．人生の意味に関しては，人生に意味があると感じる「意味保有」と人生の意味を求める「意味探索」の 2 次元が報告されている (Steger, et. al., 2006)．そして，「意味保有」は人生の満足感と関連するが，「意味探索」をしている人の場合に，そうでない場合に比べて「意味保有」と人生の満足感の関係が強くなることも報告されている (Steger, et. al., 2011)．さらに，その「意味探索」と「意味保有」の関係について，Steger ら (2008) は，アメリカ人の調査対象者では意味の探索と保有には負の相関があるが，日本人の場合は意味の探索と保有の間に正の相関があることを示した．分析的思考をもつアメリカ人にとっては，意味の探索と保有は相容れない概念であるが，包括的思考の日本人にとっては，意味の探索という努力がより大きな意味の保有につながるという文化的な差として考察されている．

　本研究では，宗教的背景をもたない日本人のスピリチュアルな態度と，人生の意味の探索，保有の関係を探ることを目的とした．また，それらと自尊感情との関連も探る．

〖方法〗

1) 調査対象者

　日本人大学生 105 名（男性 61 名，女性 44 名）．

2) 使用尺度

(1) SKY 式精神性尺度 (SS-25)

広義のスピリチュアルな態度を測定する．25 項目について「当てはまる」～「全然当てはまらない」の 5 段階評定．

(2) 自尊感情尺度

Rosenberg（1965）によって作成された自尊感情尺度を山本ら（1982）が邦訳した 10 項目を使用した．「当てはまる」～「当てはまらない」の 5 段階評定．

(3) 人生の意味 (Japanese Meaning in Life)

Steger ら（2006）の Meaning in Life Qestionnaire（MLQ）を島井・大竹（2005）が邦訳した 10 項目を使用した．「まったく正しくない」～「非常に正しい」の 7 段階で回答を求めた．

〚結果〛

1) 各尺度の記述統計量と相関

人生の意味の 10 項目について，因子分析（最尤法，プロマックス回転）を実施したところ，Steger ら（2006）と同様，「私は人生における意義を探している」などの「人生の意味探索」と「私は人生の明確な意義・目的を得ている」などの「人生の意味保有」の 2 因子が抽出された．各因子に負荷量の高い 5 項目を用いて，探索・保有が高得点となるように得点化し，その平均値を尺度得点とした．

各尺度の記述統計量を Table 5-4 に示す．スピリチュアルな態度は，全尺度の平均が 3.85（SD=.48）と，研究 3-1 の平均 3.42（SD=.48）と比較して，やや高い．満足の下位尺度の内的整合性がやや低い（a=.477）が，全尺度の a は十分に高かった（a=.794）．以降の分析には，スピリチュアルな態度を 1 次元として扱った．

Table 5-4　記述統計量

	項目数	平均値	標準偏差	α
自尊感情	10	3.02	0.67	0.782
SS-25	25	3.85	0.48	0.794
社会	8	4.03	0.61	0.741
信仰	8	3.29	0.85	0.817
満足	4	3.92	0.72	0.477
人生の意味探索	5	4.60	1.28	0.869
人生の意味保有	5	3.83	1.16	0.749

Table5-5　各尺度の相関

	自尊感情	スピリチュアルな態度	人生の意味探索	人生の意味保有
自尊感情	1	.272**	-0.001	.458**
スピリチュアルな態度	.272**	1	.263**	0.139
人生の意味探索	-0.001	.263**	1	.286**
人生の意味保有	.458**	0.139	.286**	1

　人生の意味，スピリチュアルな態度，自尊感情の関係を把握するため，各尺度の相関を求めた（Table 5-5）．Steger ら（2008）の日本人の調査結果と同様，人生の意味の探索と保有は，弱い正の相関を示した（r=.286）．人生の意味を探索しているほど，意味の保有をしていることが示された．また，SS-25 は自尊感情（r=.272），人生の意味探索（r=.263）と弱い正の相関を示した．スピリチュアルな態度が高いほど，自尊感情が高く，そして，人生の意味を探索していることを表している．自尊感情は，人生の意味保有（r=.458）と中程度の相関を示したが，意味探索との間には相関がみられなかった．人生の意味を保有していると自覚することが自尊感情に影響することが示された．

2) 人生の意味の探索・保有と自尊感情・スピリチュアルな態度

　人生の意味探索（M=4.60, SD=1.28）と意味保有（M=3.83, SD=1.16）につい

第5章 日本におけるスピリチュアルな態度

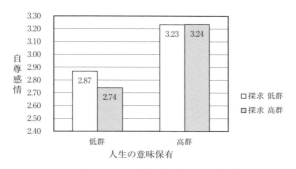

Figure 5-2 人生の意味における自尊感情

て，それぞれの平均値をもとに低群と高群に分けた．自尊感情，SS-25をそれぞれ従属変数として，人生の意味探索と意味保有による2要因の分散分析を行った．

自尊感情については，人生の意味保有の主効果（$F(1, 98)=11.012, p<.01$）のみが有意であった．人生の意味保有の高群が低群に比べて自尊感情が高いことが示された（Figure 5-2）．人生の意味を探求していることと自尊感情は関連がないが，自分の人生に意味を見出していることが，自尊感情に関連していることを示した．

SS-25については，意味探索と意味保有の交互作用（$F(1, 98)=6.824, p<.05$），意味探索の主効果（$F(1, 98)=7.856, p<.01$）が有意であった．意味保有が低い場合には，意味探索による差はみられないが，意味保有が高い場合，意味探索低群に比較して高群がSS-25の得点が高いことが示された（Figure 5-3）．また，人生の意味を探索している場合に，人生の意味を保有することがスピリチュアルな態度を高めることを示している．

〚考察〛

Stegerら（2008）と同様，日本人大学生には人生の意味探索と保有に弱い正の相関がみられた．日本人の場合は，意味を保有していないから探索をするというより，すでに意味のある人生についてさらに意味を探索することにより，

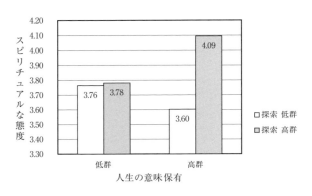

Figure 5-3 人生の意味によるスピリチュアルな態度

意味を深めていくと考えられる．これは，Peng & Nisbet（1999）が主張する弁証法的思考の強い日本人の特徴と考えることができる．

　スピリチュアルな態度は人生の意味探索と，自尊感情は意味保有と関連がみられた．スピリチュアルな態度は人生の意味を探求する態度につながり，意味があると感じる人生を送ることは自尊心につながると考えられる．

　しかし，人生の意味をすでに保有していて探索も続けている場合は，スピリチュアルな態度が高いが，人生の意味を探索していないで保有している場合は，スピリチュアルな態度が低い．このような関係は，Stergerら（2011）が人生の意味と人生の満足感との関連で示した関係と類似している．Stergerら（2011）は，人生の意味を探索している場合，人生の意味保有と人生の満足感の関連がより強くなることを示した．本研究でも，人生の意味探索高群は，人生の意味保有が高いと，スピリチュアルな態度が高くなることを示した．これは，スピリチュアルな態度が人生の満足感に関連するという多くの報告から自然なことと思われる．本研究では，さらに，人生の意味探索低群は，意味を保有していると感じているほうが，そうでない場合より，むしろスピリチュアルな態度は低かった．弁証法的色彩の強い日本人の思考では，人生の意味は，意味を探求する努力を通して得られる場合にこそ，スピリチュアルな態度が高まることを示しているのではないだろうか．意味の探求という努力をせずに，意味を保有していると自覚することは，「不遜」であり，スピリチュアルな態度

の低さにつながるのではないだろうか．このような spirituality のあり方は，
日本文化に特有のものであろうか．今後の研究が必要と思われる．

※　研究 5-1 は，「伊坂裕子・木村友昭・内田誠也・山岡淳（2014）．大学生におけ
　　るスピリチュアルな態度と自動思考および自己超越性との関連　日本応用心理学
　　会第 81 回大会発表論文集, p.40」で発表したデータを再分析した．
　　　研究 5-2 の一部は，「伊坂裕子・木村友昭・内田誠也・山岡淳（2017）．大学生
　　における人生の意味の探求とスピリチュアルな態度の関連　日本応用心理学会第
　　84 回大会発表論文集, p.62」に発表された．

第6章

東日本大震災とスピリチュアルな態度

6-1. 災害とスピリチュアルな態度，PTG

　2011 年 3 月に発生した東日本大震災は，地震や津波による被害地域も広範囲におよび，津波の映像が毎日のようにテレビ放映されるなど，社会全体に大きな心理的影響を与えたと考えられる．

　このような大災害は，精神的な健康やスピリチュアルな健康に影響があることが報告されている（Aten, et. al., 2012）．災害の与える心理的影響については，災害を経験した後の心的外傷後ストレス症候群などが知られている（広瀬，2004）．これは，主に災害を直接的に体験した後に経験すると考えられる．日本では，1995 年 1 月に発生した阪神・淡路大震災によって，災害心理学や被災者のメンタルヘルスへの関心が高まったといえる．被災者に対する長期的なケアの必要性が認識され，1995 年 6 月にこころのケアセンターが設立されている．そのような活動から，災害時の支援について有益な示唆を得ることができる．広瀬（2004）は，阪神・淡路大震災の 1 年 8 か月後の 1996 年 9 月，3 年 6 か月後の 1998 年 7 月に仮設住宅に残っていた人に対し，また，4 年 7 か月後の 1999 年 8 月に被災者の定住用に建設された高層住宅の住民に心身の状態を尋ねる調査を実施した．それによれば，震災後 1 年 8 か月では，4 人に 1 人は振動が気になるなど PTSD とも考えられる症状を訴えており，4 年以上経過しても，「何となく不安」「眠れない」「いらいらする」などは 3 割を超える人が経験していることを報告している．

　東日本大震災発生時の支援には，阪神・淡路大震災やその後に起きた災害で得られたさまざまな知見が利用された．東日本大震災では，津波，原子力発電所の事故など，阪神・淡路大震災とは異なる様相をみせたが，被災者には長期にわたるストレスや精神的な健康への影響が報告されている（村上，2012 等）．このような影響を調整するものとして，レジリエンスや，ストレスコーピング，spirituality などが報告されている（Tedeschi & Calhoun, 2004; Updegraff & Taylor, 2000; 尾崎・甲田, 2012）．また，被災者だけでなく，ボランティアなどの精神的健康への影響も研究されている（兵庫県精神保健協会こころのケアセンター，1999; 大塚ほか，2014; 野島ほか，2013）．

第 6 章　東日本大震災とスピリチュアルな態度

6-2.　東日本大震災後の被災地外の大学生におけるスピリチュアルな態度(研究 6-1)

　被災者や，実際に被災地域を訪れたボランティアなどに関して，災害の影響を考えることは重要であり，その知見は積み重ねられてきた．しかし，東日本大震災のような大災害の場合，被災地域外の住民も，テレビ映像等で多くの人が災害を追体験したり，また，実際に計画停電などの影響を受けた．被災者が被る心理的影響とは比較にならないが，災害は被災地域に限ることなく，社会全体に大きな心理的影響を与えるものと考える．本研究では，東日本大震災の被災地域外の大学に通う学生を対象に，災害による心理的影響と抑うつやスピリチュアルな態度との関連を検討する．震災による直接的な被害の影響だけではなく，震災によって人生観などに影響を受けたと感じる主観的な影響を含めて検討する．

〖方法〗

1)　調査対象者

　静岡県内の私立大学学生 282 名（男性 142 名，女性 136 名，未回答 4 名）．

2)　使用尺度

(1)　東邦大式うつ自己評価尺度 (SRQ-D)

　阿部ら（1972）が仮面うつ病のスクリーニングを目的とし，作成した Self rating questionnaire for depression（SRQ-D）の 18 項目 4 段階尺度を使用した．

(2)　SKY 式精神性尺度

　25 項目 5 段階尺度．

(3) 震災による被害経験に関する質問

「死亡」「怪我」などの被害についての6項目に対して，「家族の中にいる」「親戚にいる」「身近な友人の中にいる」「知人にいる」「いない」という選択肢を設定．複数回答を可とした（Table 6-1）．

(4) 震災による主観的影響を測定する質問

「人生観や価値観の変化があった」「被災者への支援を行った」等，震災後の心理的・行動的変化を問う5項目について，「かなり当てはまる」「少し当てはまる」「あまり当てはまらない」「まったく当てはまらない」の4段階で回答を求めた（Table 6-2）．

3）調査時期

2011年7月．

〚結果と考察〛

1）調査対象者の経験した東日本大震災

(1) 東日本大震災による被害経験

家族が亡くなった（行方不明の）2名を含み，被害の経験は多様であった．最も多くの人が身近に知る被害としては，ライフラインの途絶で，家族や知人の中で，ライフラインの途絶を経験した人が140名であった（Table 6-1）．6項目，4つの身近な経験について，最高で17個の体験を報告した人がいた．それに対して，すべての項目について被害のある知人がいない人が，139名（49.5％）であった．

(2) 東日本大震災による主観的影響

東日本大震災によって人生観に多少，あるいは，かなり影響を受けたと感じ

第6章　東日本大震災とスピリチュアルな態度

Table 6-1　東日本大震災による被害経験

（単位：人）

| | 被害あり | | | | | 被害なし | 合計 |
	家族	親戚	身近な友人	知人	小計		
死亡（または行方不明）	2	0	3	7	12	268	280
怪我	6	2	4	13	25	258	283
住居の倒壊，流失	4	4	45	41	94	190	284
避難所生活	10	12	28	28	78	215	293
ライフラインの途絶	35	20	42	43	140	174	314
失職・就職取り消し	1	1	5	13	20	259	279

※　被害経験は複数回答可のため，合計は異なる．

Table 6-2　震災による主観的影響

（単位：人）

	かなり	少し	あまりない	まったくない	合計
人生観や価値観の変化	64	162	36	18	280
被災者支援	15	182	52	31	280
日常生活への支障	9	52	101	118	280
「がんばろう日本」などのメッセージの影響	43	127	73	36	279
今後の地震への不安	122	107	35	15	279

ている人が226名と80％を超え，何らかの被災者支援を行った人は197名で，70％に上る．しかし，報道によって睡眠などの日常生活に支障が出た人は，61名，約20％であった．一方，今後の地震には，122名（43.6％）がかなりの不安を感じており，不安を少し感じている人と合わせると80％を超える（Table 6-2）．

2）各尺度の記述統計量

各尺度の記述統計量を Table 6-3 に示す．

（1）抑うつ（SRQ-D）

得点の平均は 10.77（SD=5.30）で，抑うつなしの判定が56.0％，境界領域の判定が27.4％，抑うつ傾向の判定が16.6％であった．木村ら（2016）では，大

Table 6-3　記述統計量

		最小値	最大値	平均値	標準偏差
抑うつ		0.00	30.00	10.77	5.30
	全尺度	1.68	4.60	3.34	0.44
	社会	2.00	5.00	4.06	0.58
SS-25	信仰	1.00	4.88	3.01	0.80
	満足	1.00	5.00	2.86	0.77
	その他	1.20	5.00	3.05	0.61
影響得点		0.00	4.00	2.65	0.64

学生503名の結果として，平均10.5（SD=5.1），抑うつなし55.5％，境界領域26.0％，抑うつ傾向16.5％であった．本研究の結果は，木村ら（2016）とほとんど変わらず，震災の影響はないと考えられる．

(2) スピリチュアルな態度（SS-25）

SS-25の全項目の平均はM=3.34（SD=0.44）であるが，社会の平均がM=4.06（SD=0.58）と他の下位尺度に比べて高い．これは，「社会がよくなるために何かできることをやってみたい」などの項目で構成されている．このような社会的な意識が強いことは，木村ら（2016）でも示されており，震災による影響というより，SS-25で測定される日本のスピリチュアルな態度の特徴であると考えることもできる．

(3) 東日本大震災による主観的影響

東日本大震災による主観的影響を問う項目の中で，被災者支援の項目のみが行動を問う項目で，その他は心理的影響を問う項目である．そこで，被災者支援についての行動を聞いた項目を除いた4項目の平均値を（心理的）影響得点とした（a=.705）．影響得点の平均は2.65（SD=.64）であった．

3) 東日本大震災の体験と抑うつ・スピリチュアルな態度の関連

本研究の目的は，震災により直接被害を受けていない人でも，震災の体験が抑うつやスピリチュアルな態度と関連があるか検討することである．そこで，

第6章　東日本大震災とスピリチュアルな態度

Table 6-4　各尺度の相関

| | | SS-25 | | | | 影響得点 | 抑うつ | 被災者支援 |
		全尺度	社会	信仰	満足	その他			
SS-25	全尺度	1	.787**	.729**	.553**	.339**	.372**	-.262**	.303**
	社会	.787**	1	.443**	.279**	.161*	.424**	-.158*	.384**
	信仰	.729**	.443**	1	0.105	-0.038	.347**	0.040	.196**
	満足	.553**	.279**	0.105	1	.266**	0.081	-.411**	0.002
	その他	.339**	.161*	-0.038	.266**	1	-0.066	-.220**	.183**
影響得点		.372**	.424**	.347**	0.081	-0.066	1	-0.010	.288**
抑うつ		-.262**	-.158*	0.040	-.411**	-.220**	-0.010	1	-0.016
被災者支援行動		.303**	.384**	.196**	0.002	.183**	.288**	-0.016	1

※　**は相関係数が1%水準で有意（両側），*は相関係数が5%水準で有意（両側）であることを示す.

家族に死亡者（または行方不明者）がいる2名と，死亡，怪我，住居の被害，避難所生活，ライフラインの途絶，失職・就職取り消しという被害項目に関して，身近な人の被害が5件以上報告された18名を除き，262名に関して，SS-25と抑うつ，東日本大震災の影響得点の相関係数を求めた（Table 6-4）.

　心理的な影響得点と抑うつとの間には相関がみられなかった. 本研究の対象者は，大震災の影響による抑うつはないと考えられる. 一方，SS-25のスピリチュアルな態度は，全体として，影響得点（$r=.372$）や被災者支援（$r=.303$）と弱い正の相関，抑うつとは弱い負の相関（$r=-.262$）を示した. 特に，SS-25の下位尺度の満足と抑うつの間には中程度の負の相関（$r=-.411$）があった. 震災による心理的な影響得点は，社会（$r=.424$）と信仰（$r=.347$）とに弱い相関がみられ，また，被災者支援（$r=.288$）にも弱い相関がみられた.

　スピリチュアルな態度を従属変数とし，抑うつ，影響得点，被災者支援行動，そして，被害得点を独立変数とするステップワイズ法による重回帰分析を実施した. 被害得点は，6種の被害に対して，身近で経験した人の報告を単純に加算したものである. 重回帰分析の結果（Table 6-5），影響得点と抑うつ，被災者支援を投入するモデルを採用した（$R^2=.224, p<.001$）. 影響得点の標準編回帰係数は，$\beta=.305$（$p<.001$），抑うつの標準編回帰係数は，$\beta=-.251$（$p<.001$），被災者支援の標準編回帰係数は，$\beta=.191$（$p<.01$）であった. 震災による心理的影響を大きく感受し，被災者支援を行うが，抑うつは低いとスピ

Table 6-5 スピリチュアルな態度を従属変数とした重回帰分析

($R^2 = 224, p < .001$)

	非標準化係数 B	標準誤差	標準化係数 ベータ	t 値	有意確率
（定数）	2.721	0.126		21.542	0.000
影響得点	0.212	0.041	0.305	5.164	0.000
抑うつ	-0.022	0.005	-0.251	-4.551	0.000
被災者支援	0.111	0.034	0.191	3.232	0.001

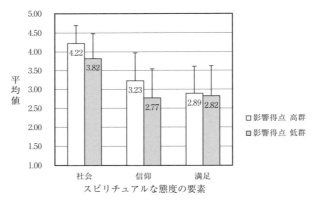

Figure 6-1 震災の心理的影響とスピリチュアルな態度

リチュアルな態度が高くなることが示された．

　また，スピリチュアルな態度と震災の心理的影響を，より深く検討するため，影響得点を平均値で2群に分けた．スピリチュアルな態度の3要素（社会，信仰，満足）と影響得点の2群による，2要因の混合計画の分散分析を実施した．その結果，スピリチュアルな態度の主効果（F (1.756, 453.028) = 275.115, $p < .001$），影響得点の主効果（F (1, .258) = 25.608, $p < .001$），交互作用（F (1.756, 453.028) = 7.583, $p < .01$）が有意であった（Figure 6-1）．スピリチュアルな態度の3要素では，社会，信仰，満足の順に高く，どの要素も，心理的影響が高い群は，低い群に比べて高い．しかし，その傾向は，信仰において最も強く，影響得点が高い群は低い群に比べて，信仰が高い．一方，満足においては，影響得点の高低による差が小さい．震災による心理的影響は，人生への満足感にはそ

第 6 章　東日本大震災とスピリチュアルな態度

れほど影響を与えないが，心理的影響を強く自覚している人は信仰的感性が高くなると考えられる．

　本研究では，東日本大震災の被災地域外の大学に通う学生を対象に震災の間接的影響と抑うつ，スピリチュアルな態度との関連を検討した．直接的な被害を受けていない場合も，社会全体のムードとして震災の心理的影響を受け，それがスピリチュアルな態度に影響をすることが考えられる．このような関連は，他者との関係を重視する相互協調的な自己観をもつ日本人の特徴を示しているかもしれない．

6-3.　東日本大震災の PTG とスピリチュアルな態度 (研究 6-2)

　研究 6-1 では，東日本大震災の約半年後に，直接的な被害を受けていない大学生を対象に，心理的影響とスピリチュアルな態度の関連を示した．本研究では，東日本大震災から約 6 年半経過した時点で，震災の被害を直接経験した宮城県気仙沼の当時中学 3 年生だった人を対象に，心的外傷後成長とソーシャルサポート，スピリチュアルな態度との関連を検討する．

　困難な体験をした後に，うつ状態などを経験する心的外傷後ストレス障害 (Post-Traumatic Stress Disorder: PTSD) は有名である．しかし，1990 年代後半に困難な体験後にポジティブな変化を示す心的外傷後成長 (Post-Traumatic Growth: PTG) という概念が提唱された (Tedeschi & Calhoun, 1996)．PTG とは，人生の危機や困難に対して，精神的にもがき苦しむ経験の結果生じる，ポジティブな心理学的変容 (成長) の体験といえる (Tedeschi & Calhoun, 2004; Taku, et. al., 2012 等)．PTG は日本では東日本大震災をきっかけに注目されるようになった．

　この PTG における成長は，スピリチュアルな側面を多く含むと考えられる．前述のように，宗教的背景をもたない日本人が PTG を経験するとき，そこには，スピリチュアルな側面がどのように反映されるのであろうか．

　困難な体験をした場合，周囲からのサポートを得られることは重要である．ソーシャルサポートとは「個人が取り結ぶネットワークの成員間で，個人の

ウェル・ビーイングを増進させる意図で交換される心理的・物質的資源」（田中, 1997）であるとされる．このようなソーシャルサポートのサポート源としては，家族・友人などが重視される（細田・田蔦, 2009; 宮崎ほか, 1999; 嶋, 1991等）．PTG にソーシャルサポートが重要な役割を示すことは，多くの報告がある（奥野ほか, 2013; 武富ほか, 2016 等）．しかし，相互協調的自己観の優勢な文化の中では，周囲の人の迷惑にならないように注意するため，困ったときにソーシャルサポートを明示的に求めない傾向があることも知られている（Kim, et. al., 2006; Kim, et. al., 2008）．また，被災地では，家族・友人など，周囲の人たちも同様に被災し，困難な状況にいると考えられる．被災後には，家族・友人などに対しては，サポートを求めることによる迷惑をより気にしてしまうと思われる．そのような状況の中で，ソーシャルサポートは PTG にどのような影響を与えるのであろうか．本研究では，家族や友人からのサポートのみでなく，日常の対人ネットワークからは離れた関係，たとえば，ボランティア等で被災地を訪問している人たちからのソーシャルサポートを考慮する．ボランティアなどからのソーシャルサポートは，比較的気兼ねなく受けることができるのではないかと思われる．その結果，PTG やスピリチュアルな態度も高くなると予想する．

　本研究の対象者である，震災当時，中学 3 年生だった人は，中学から高校への移行期で卒業式も入学式も体験できず，進学先の高校も被災したり，避難所となっている中で学校生活を始めた生徒たちである．

〔方法〕

1）調査対象者

　宮城県気仙沼市で東日本大震災を経験し，当時，中学校から高校への進学時期にあった約 200 名に対し，調査を依頼した．調査にあたって，抑うつ，不眠などの症状により治療を受けていないことを確認し，調査を依頼した．回答が得られたのは 59 名（男性 26 名，女性 33 名）であった．回答者の年齢は，21 〜 22 歳（東日本大震災当時，15 〜 16 歳）．

第6章　東日本大震災とスピリチュアルな態度

2）質問紙の構成

（1）東日本大震災の経験

①被災の程度

　「死亡（行方不明）」「怪我」「避難所生活」「失職・就職取り消し」の4項目について，「自分」「家族」「身近な友人」「知人」が経験したかどうかを尋ねた．

　さらに，自分が住んでいた住居の被害の状況を「全壊」「半壊」「被害なし」から選択させた．被害があった場合の住居の形式（持ち家か，賃貸か）も尋ねた．

　避難所生活については，避難所の種類，避難所で生活した期間を尋ねた．

②つらかったこと

　「寒かった」「お風呂に入れなかった」など，震災体験でつらかったと思える19項目について，最もつらい点数を10点とし，0〜10の点数による回答を求めた．

③うれしかったこと

　「物資が届いた」「ライフラインが整った」など，震災の体験の中で喜びを感じられたと思われる14項目について，最も強い喜びを10点とし，0〜10の点数による回答を求めた．

（2）日本語版外傷後成長尺度拡張版（PTGI-X-J）（宅，2017）^{（注）}

　PTGを測定する5因子，25項目で構成されている．それぞれの項目について，「この変化をまったく経験しなかった」0点〜「この変化をかなり強く経験した」5点までの6段階で回答．

（3）知覚されたソーシャルサポート尺度

　宮崎ら（1999）を参考に，「家族」「友人」のサポート源に加えて，「特別な人（重要他者）」を「震災後に出会った人（ボランティア等）」とした．これらのサポート源から得られる「情緒的サポート」「道具的サポート」の知覚を問う24項目について，「まったくそう思わない」〜「非常にそう思う」の7段階で回答．

127

(4) SKY 式精神性尺度（SS-25）（木村ほか, 2016）

　広義の spirituality を測定する尺度．25 項目について「当てはまる」〜「全然当てはまらない」の5段階評定．

3）手続き

　東日本大震災当時，宮城県気仙沼市で中学から高校への移行期にあった人を対象に調査を実施した．調査対象者には，同窓会などを利用して，調査の目的等を示した依頼文書を配布，その場で説明し，同意書のみを回収した．その際，抑うつ，不眠などの症状により治療を受けていないことを確認した．また，調査は匿名で実施され，いかなる状況でも個人が特定されることはないこと，調査への協力は任意で，いつでも撤回できること等を説明した．さらに，説明文書の中には，宮城県の心のケアセンターの連絡先を記載した．

　調査の依頼は，調査対象者と同様，中学3年次に気仙沼市で被災した三浦亜美が卒業論文の一環として行った．遠方に転居していて，対面による説明ができない場合，依頼文書，同意書，質問紙を郵送した．同意書は PDF 変換のうえメールで送付してもらうか，質問紙とは別の返信用封筒で返信を依頼することにより，非連結性を確保した．

　調査にあたって，筆者の所属する大学において，研究倫理委員会の承認を得た．

〚結果と考察〛

1）調査対象者の経験した東日本大震災

(1) 東日本大震災による被害経験

　家族が亡くなった（あるいは行方不明）2名を含み，家族，親せき，友人，知人の亡くなった人の報告が 49 名（複数回答）であった．周囲の人間関係の中で，死亡者（行方不明者）がいない人は 19 名（32.2%）で，7割近くの人が周囲

第6章　東日本大震災とスピリチュアルな態度

Table 6-6　東日本大震災による被害経験

（単位：人）

	被害あり						被害なし	合計
	自分	家族	親戚	身近な友人	知人	小計		
死亡（または行方不明）	—	2	19	4	24	49	19	68
怪我	0	1	8	6	7	22	44	66
避難所生活	26	2	8	21	14	71	4	75
失職・就職取り消し	0	14	2	1	10	27	35	62

※　被害経験は複数回答可のため，合計は異なる．

Table 6-7　住居の被害

	自宅被害			被害なし	合計
	半壊	全壊	小計		
持ち家	6	16	22	—	22
賃貸（一戸建て）	1	0	1	—	1
賃貸（アパート，マンション）	1	1	2	—	2
小計	8	17	25	—	25
被害なし	—	—	—	34	34
合計	8	17	25	34	59

に死亡者を知っていることになる（Table 6-6）．研究6-1と比較して被害体験の深刻さは明確である．

　住居の被害についても，25名（42.4%）が経験している．そのほとんどは，持ち家であった（Table 6-7）．本研究の調査対象者は，震災当時は中学3年生であり，持ち家か賃貸かは，むしろ大人が問題とするところである．しかし，中学生であった調査対象者は，自分の家が全壊，あるいは半壊し，それに対し，自分自身もショックを受けると同時に，頼りにする大人がショック状態になっているところを目の当たりにしたと考えてよい．

　最も多くの人が報告した被害である避難所での生活は，26名（44.1%）が体験している（Table 6-6）．半分以上（57.6%）の人が自分自身では避難所生活を送っていないが，自分の周囲の人も含めて避難所生活を送っていない人は4名にすぎない．被災地での避難所生活は身近であったといえよう．避難所の形態は，学校が18名で最も多く，避難所生活をした人（26名）の中では約70%が

129

Table 6-8 避難所の種類

	度数	%
学校	18	30.5
公民館	1	1.7
親戚	2	3.4
寺	1	1.7
学校と公民館	2	3.4
学校と公民館と親戚宅	1	1.7
避難所経験なし	34	57.6
合計	59	100.0

Table6-9 避難所の形態と避難日数

	人数	日数平均	SD	レンジ
学校	18	33.78	43.353	1〜180
その他	3	100.00	75.498	14〜180
2種類以上	3	14.67	13.279	7〜30
全体	24	38.64	49.056	1〜180

学校であった（Table 6-8）．親戚宅や公民館，寺などは少数であった．避難所での生活日数は1〜180日で，平均38.6日であった．調査対象者中2名が，最も長期の避難所生活である180日（6か月）を報告している．学校で避難所生活を送った1名と，親せき宅で避難所生活を送った1名である．避難所の形態と避難日数をみると，学校への避難の平均は33.78日と約1か月であることがわかる．一方，学校以外で避難所生活を送った3名の避難所生活の平均は，100日と最も長かった．避難所を変更した3名は，14.67日（約2週間）と最も短かった（Table 6-9）．

(2) 東日本大震災におけるつらさと喜び

①つらいこと

震災体験でつらいと思える19項目についての0〜10点の回答の平均を求めた（Table 6-10）．最も高いのは，「まちが破壊された（$M=7.16, SD=2.75$）」で，次に「人が亡くなった（$M=7.00, SD=3.40$）」が続く．深刻な被害に対してのつ

第6章　東日本大震災とスピリチュアルな態度

Table 6-10　つらいこと項目の平均値

		平均値	SD	最小値	最大値
c4	まちが破壊された	7.16	2.75	0	10
c5	人が亡くなった	7.00	3.40	0	10
c10	お風呂に入れなかった	6.62	2.77	1	10
c12	ライフラインが整わなかった	6.52	3.04	0	10
c16	中学校の卒業式が通常どおり行われなかった	5.50	3.60	0	10
c1	寒かった	5.14	3.10	0	10
c18	高校生活に震災の影響が生じた	4.45	3.33	0	10
c9	やりたいことができなかった	4.22	3.38	0	10
c15	家族の元気がなくなった	4.21	3.33	0	10
c17	高校の入学が遅れた	4.02	3.49	0	10
c2	食べ物がなかった	4.00	2.78	0	10
c13	遊べなかった	3.43	3.22	0	10
c11	プライバシーのない生活をした	3.34	3.43	0	10
c6	人が亡くなったのを見た	3.12	4.07	0	10
c14	友人と離れ離れ	3.03	3.24	0	10
c8	地域が離れ離れになった	2.78	3.28	0	10
c3	家がなくなった	2.50	3.67	0	10
c7	家族が職を失った	1.84	2.92	0	10
c19	移転先での生活になじめなかった	0.84	1.78	0	8

らさである．3位，4位は「お風呂に入れなかった（$M=6.62, SD=2.77$）」「ライフラインが整わなかった（$M=6.52, SD=3.04$）」という生活上のつらさである．「家がなくなった（$M=2.50, SD=3.67$）」などはつらい経験だと思われるが，本研究の調査対象者の評定では，つらいことの下位から3番目であった．調査対象者が，震災当時中学生であったことなども影響していると思われる．つらさ19項目のクロンバックのαを求めたところ，$\alpha=.839$と十分に高い内的整合性を得ることができた．つらさ19項目の平均値を用いて，つらさ得点とした．

　これらのつらいことの認知構造をとらえるため，つらい経験の19項目の得点に関して，因子分析（最尤法，プロマックス回転）を行った．固有値の減衰傾向と因子の解釈可能性から，3因子を抽出した（Table 6-11）.

　第1因子は，「中学校の卒業式が通常どおり行われなかった」「高校の入学が遅れた」「お風呂に入れなかった」など，震災直後の混乱による影響を記述したものが多い．「早期混乱」因子といえよう．第2因子は，「友人と離れ離れに

131

Table 6-11 つらいこと因子

		因子		
		早期混乱	コミュニティ破壊	長期的影響
c16	中学校の卒業式が通常どおり行われなかった	0.748	0.048	-0.073
c17	高校の入学が遅れた	0.741	0.170	-0.172
c10	お風呂に入れなかった	0.711	-0.197	0.187
c18	高校生活に震災の影響が生じた	0.673	0.074	-0.015
c4	まちが破壊された	0.669	0.039	0.061
c12	ライフラインが整わなかった	0.618	-0.164	0.068
c13	遊べなかった	0.548	0.270	-0.194
c9	やりたいことができなかった	0.466	0.108	0.094
c15	家族の元気がなくなった	0.457	0.202	0.028
c1	寒かった	0.379	-0.080	0.359
c14	友人と離れ離れ	0.107	0.749	-0.031
c8	地域が離れ離れになった	0.134	0.643	-0.008
c19	移転先での生活になじめなかった	-0.236	0.606	0.498
c3	家がなくなった	-0.009	0.051	0.796
c11	プライバシーのない生活をした	0.388	-0.100	0.532
c6	人が亡くなったのを見た	-0.053	0.030	0.402
因子間相関	第1因子	1.000	0.383	0.158
	第2因子	0.383	1.000	0.061
	第3因子	0.158	0.061	1.000

なった」「地域が離れ離れになった」「移転先でなじめなかった」の3項目が含まれ，震災によるコミュニティの破壊に基づく影響（「コミュニティ破壊」因子）と考えられる．第3因子は，「家がなくなった」「人が亡くなったのを見た」「プライバシーのない生活をした」の3項目が含まれ，今後の人生に対して長期的な影響を与えるもの（「長期的影響」因子））と考えられる．震災によるつらさの中に，震災直後の混乱時に経験する「早期混乱」のつらさ，「コミュニティ破壊」に関連するつらさ，「長期的影響」が考えられる深刻なつらさという3次元を考えることができる．今後の被災地支援などでは，それぞれのつらさに留意したケアが必要になると思われる．

②うれしいこと

　つらいはずの震災体験であるが，その中でもうれしさを感じると思える14項目についての0～10点の回答の平均を求めた（Table 6-12）．全体的に，つ

第 6 章　東日本大震災とスピリチュアルな態度

Table 6-12　うれしさ項目の平均値

		平均値	*SD*	最小値	最大値
d7	お風呂に入れた	8.76	1.57	5	10
d1	ライフラインが整った	8.27	2.26	0	10
d2	温かいご飯を食べた	8.19	2.51	0	10
d5	多くの人が支援してくれた	7.74	2.57	1	10
d6	物資が届いた	7.31	2.69	0	10
d12	学校生活が始まった	6.17	3.28	0	10
d13	地域の人が優しくしてくれた	5.41	3.34	0	10
d9	ボランティアの人たちとの出会いがあった	5.07	3.53	0	10
d3	新しい建物がたった	4.95	3.13	0	10
d10	新しい生活が始まった	4.29	3.59	0	10
d11	家族が働き始めた	4.02	3.77	0	10
d4	芸能人に会えた	3.91	3.22	0	10
d8	住む場所がみつかった	3.41	3.95	0	10
d14	移転先で新たな楽しさがあった	2.31	3.41	0	10

らさの評定よりも，評定平均値が高く，つらい感情を自覚するより，うれしいことなどポジティブな感情に注意を向けていることがわかる．最も平均値が高い上位 3 項目は，「お風呂に入れた（$M=8.76$, $SD=1.57$）」「ライフラインが整った（$M=8.27$, $SD=2.26$）」「温かいご飯を食べた（$M=8.19$, $SD=2.51$）」で，震災後の非日常の経験の中で，日常が戻った瞬間といえよう．また，最も平均値の低い項目は，「移転先で新たな楽しさがあった（$M=2.31$, $SD=3.41$）」であった．全体的に，つらさの得点よりうれしさの得点が高い傾向にある．大震災というつらい体験の中で，身近な日常や小さな出来事に喜びをみつけようとしていた姿の表れかもしれない．うれしさの 14 項目に関して，クロンバックの α を求めたところ，$\alpha = .773$ と十分に高い内部一貫性を示した．うれしさ 14 項目の平均値をうれしさ尺度得点とする．

　うれしいことの認知構造を検討するため，うれしさの 14 項目について，因子分析（最尤法，プロマックス回転）を実施した．固有値の減衰傾向と因子の解釈可能性から，4 因子を抽出した（Table 6-13）．

　第 1 因子は，「物資が届いた」「多くの人が支援してくれた」「芸能人に会えた」など震災直後の支援に関するものといえる（「早期支援」因子）．第 2 因子

133

Table 6-13　うれしさ因子

		因子			
		早期支援	新生活	出会い	ライフライン
d6	物資が届いた	0.849	0.081	-0.017	0.010
d5	多くの人が支援してくれた	0.808	0.031	0.060	0.087
d4	芸能人に会えた	0.543	0.038	0.099	-0.434
d2	温かいご飯を食べた	0.504	-0.049	0.115	0.317
d3	新しい建物がたった	0.498	0.392	-0.190	0.114
d7	お風呂に入れた	0.464	-0.339	0.118	0.019
d8	住む場所がみつかった	-0.011	0.696	-0.063	0.042
d14	移転先で新たな楽しさがあった	-0.025	0.692	-0.165	-0.361
d10	新しい生活が始まった	0.061	0.637	0.206	-0.181
d13	地域の人が優しくしてくれた	0.121	0.357	0.354	0.222
d12	学校生活が始まった	0.013	-0.105	0.950	-0.190
d9	ボランティアの人たちとの出会いがあった	0.234	-0.070	0.496	-0.148
d11	家族が働き始めた	-0.204	0.273	0.415	0.296
d1	ライフラインが整った	0.288	-0.186	-0.218	0.714
因子間相関	第1因子	1.000	0.249	0.213	0.128
	第2因子	0.249	1.000	0.384	0.162
	第3因子	0.213	0.384	1.000	0.108
	第4因子	0.128	0.162	0.108	1.000

は，「住む場所がみつかった」「移転先で新たな楽しさがあった」など新たな生活を始めた喜びに関するもの（「新生活」因子）と考えられる．第3因子は，「学校生活が始まった」「ボランティアの人たちとの出会いがあった」等，出会いに関する因子（「出会い」因子）と考えられる．第4因子は，「ライフラインが整った」に関してのみが+.35以上の負荷量をもつ．ライフラインに関する項目は，独自の喜びをもたらすといえる．つらい災害にあったときも，ライフラインの復興に加えて，災害時の「早期支援」に対して喜びを感じたり，「新生活」が始まることや，災害という出来事の中でも「出会い」のあることなどに喜びを感じる様子がわかる．

2) 各尺度の記述統計量

各尺度の記述統計量を Table 6-14 に示す.

(1) 心的外傷後成長 (PTGI-X-J)

PTG 全項目の平均は 2.71 (SD=1.04) であった. Taku ら (2012) では, 日本の中学 1 ～ 3 年生 408 名の主観的なトラウマ的経験と PTG を調査している. その中で, 報告されたトラウマが DSM-IV の PTSD の基準に合致するような深刻なものであったのは 34 名であるが, その PTG の平均は 2.10 (SD=0.72) であった. また, 主観的なトラウマとして報告されたが, PTSD の基準に合致しない軽いトラウマを報告した 137 名の PTG の平均は 1.77 (SD=0.75) であった. 本研究の PTG は, これらより高い. 最も高い下位尺度は, 「人生に対す

Table 6-14 各尺度の記述統計量

		最小値	最大値	平均値	標準偏差	a
PTG	PTG 全	0.56	5.00	2.71	1.04	0.952
	他者との関係	0.71	5.00	2.84	1.11	0.857
	新たな可能性	0.00	5.00	2.76	1.28	0.873
	人間としての強さ	0.25	5.00	2.39	1.22	0.828
	精神的変容	0.17	5.00	2.33	1.18	0.851
	人生に対する感謝	0.33	5.00	3.50	1.15	0.729
ソーシャルサポート	全尺度	2.00	6.88	5.36	1.00	0.941
	情緒的 家族	2.00	7.00	5.85	1.19	0.861
	情緒的 友人	2.00	7.00	5.71	1.12	0.854
	情緒的 震災後	1.50	7.00	5.19	1.39	0.814
	実体的 家族	2.00	7.00	5.73	1.15	0.854
	実体的 友人	2.00	7.00	4.75	1.29	0.670
	実体的 震災後	1.00	7.00	4.92	1.30	0.778
スピリチュアルな態度	全尺度	2.44	4.56	3.50	0.46	0.777
	社会	2.00	5.00	4.19	0.61	0.809
	信仰	1.00	4.50	3.04	0.84	0.808
	満足	1.25	4.75	3.26	0.75	0.527
	その他	1.80	4.60	3.44	0.57	0.526
つらさ		0.89	8.05	4.19	1.62	0.839
うれしさ		2.43	9.43	5.67	1.58	0.773

る感謝（$M=3.50$, $SD=1.15$）」であった.

(2) ソーシャルサポート

ソーシャルサポート全体では，平均 5.36（$SD=1.00$）と，本調査対象者は，かなり高いソーシャルサポートを知覚している．なかでも，家族からの情緒的・実態的サポートの知覚が高く，また，実体的サポートより情緒的サポートを高く知覚している．

(3) スピリチュアルな態度（SS-25）

尺度全体の平均は 3.50（$SD=0.46$）であるが，これは東日本大震災を経験していない研究 5-2（$M=3.42$, $SD=0.48$），東日本大震災の直接の被害を受けていない研究 5-3（$M=3.34$, $SD=0.44$）より高い．社会の平均が $M=4.19$（$SD=0.61$）と他の下位尺度に比べて高いことは，他の研究と同様である.

(4) 東日本大震災の経験のつらさ尺度，うれしさ尺度

東日本大震災によるつらかったこと，うれしかったことを問う項目の平均値を用いて尺度を作成した．つらさ尺度の平均は 4.19（$SD=1.62$），うれしさ尺度の平均は 5.67（$SD=1.58$）とつらさよりうれしさを強く感じているようであった．大震災というつらい体験の中で，日常の喜びや楽しさを発見する努力を重ねていたものと思われる.

3) 喪失体験の有無による PTG，スピリチュアルな態度，ソーシャルサポート

(1) 喪失体験がある者とない者の各尺度の比較

報告された被害のうち，家族に死亡者（または行方不明者）がいる場合，または，自宅が全壊した場合を喪失体験とした．Table 6-15 に，自宅被害と家族の死亡者のクロス集計を示した．家族に死亡者がいるのは 2 名，自宅全壊は 17 名であるが，自宅全壊で家族に死亡者もいるという 2 つの喪失体験をもつ 1 名が含まれているため，喪失体験者は 18 名となる.

喪失体験がある 18 名と，喪失体験がない 41 名で，各尺度の得点を比較した

第 6 章　東日本大震災とスピリチュアルな態度

Table 6-15　家族の死亡と自宅被害の経験

		自宅被害			合計
		被害なし	半壊	全壊	
死亡（行方不明）家族	いない	34	7	16	57
	いる	0	1	1	2
合計		34	8	17	59

Table 6-16　喪失体験別各尺度の平均

		喪失体験なし $N=41$		喪失体験有 $N=18$			
		平均	SD	平均	SD	$t\,(57)$	
	PTG 全	2.52	1.03	3.13	0.95	-2.119	$p<.05$
	他者との関係	2.67	1.08	3.23	1.10	-1.831	$p<.10$
P T G	新たな可能性	2.54	1.32	3.24	1.07	-1.989	$p<.10$
	人間としての強さ	2.14	1.14	2.94	1.23	-2.436	$p<.05$
	精神的変容	2.22	1.15	2.58	1.26	-1.075	$n.s.$
	人生に対する感謝	3.27	1.19	4.04	0.85	-2.469	$p<.05$
ソーシャルサポート	全尺度	5.39	1.09	5.28	0.79	0.382	$n.s.$
	情緒的 家族	5.82	1.30	5.94	0.91	-0.382	$n.s.$
	友人	5.67	1.19	5.78	0.99	-0.343	$n.s.$
	震災後	5.29	1.38	4.96	1.41	0.834	$n.s.$
	道具的 家族	5.68	1.25	5.85	0.90	-0.522	$n.s.$
	友人	4.87	1.39	4.46	0.98	1.140	$n.s.$
	震災後	5.02	1.14	4.68	1.60	0.938	$n.s.$
スピリチュアルな態度	全尺度	3.50	0.48	3.51	0.41	-0.115	$n.s.$
	社会	4.20	0.66	4.17	0.48	0.159	$n.s.$
	信仰	3.11	0.75	2.87	1.02	1.014	$n.s.$
	満足	3.18	0.81	3.44	0.59	-1.266	$n.s.$
	その他	3.40	0.59	3.56	0.54	-0.990	$n.s.$
つらさ		4.05	1.47	4.52	1.93	-1.028	$n.s.$
うれしさ		5.42	1.54	6.25	1.56	-1.885	$p<.10$

137

(Table 6-16).

 t 検定の結果，有意差があったのは，PTG の全尺度（t (57) = -2.119, p < .05），PTG の下位尺度である「人間の強さ（t (57) = -2.436, p < .05)」「人生に対する感謝（t (57) = -2.469, p < .05)」のみであった．いずれも，喪失体験あり群がなし群に比べて，有意に高い得点を示した．すなわち，喪失体験のある場合は，ない場合に比べて，心的外傷後成長を経験することが多く，特に，深い悲しみや傷つきの経験から回復する過程で，人間の強さを認識させられたり，人生に対する感謝を感じたりするようになることを示している．また，PTG の下位尺度である「他者との関係（t (57) = -1.831, p < .10)」「新たな可能性（t (57) = -1.989, p < .10)」については，有意な傾向を示している．これらについても，喪失体験あり群がなし群に比較して高い得点を示した．喪失体験のある場合は，ない場合に比べて，他者との温かい関係に気づき，新たな可能性を信じられるようになる傾向があることを示している．

　PTG の下位尺度では，「精神的変容」のみが，喪失体験の有無による有意差や有意差の傾向を示さなかった．スピリチュアルな態度についても，喪失体験の有無による差はない．欧米では，困難な体験をすることにより，精神的にもがき苦しむことを通して，スピリチュアルな成長が経験され，それが，PTG につながると考えられている．本研究では，喪失体験という深刻な苦痛を体験している場合に，PTG が高くなることが示されたが，それはスピリチュアルな成長とは切り離されている可能性を示した．宗教的背景のない，日本の spirituality の特徴かもしれない．

　ソーシャルサポートについては，喪失体験の有無による有意差はみられなかった．喪失体験がある場合は，それだけ厳しい体験をしていると思われるが，知覚されたソーシャルサポートは喪失体験がない場合と同程度であった．しかし，これは，そもそもソーシャルサポートの得点が全体として高いことが影響していると思われる．未曽有の大震災で，喪失体験の有無にかかわらず，多くの人が傷つき，悲しんだ．その中で，多くの人が自分の周囲からのサポートを知覚したということを示唆している．

　また，つらさ得点では，喪失体験の有無による有意差はみられなかったが，うれしさ得点では，有意な傾向を示している（t (57) = -1.885, p < 10)．喪失体験

第6章　東日本大震災とスピリチュアルな態度

がある場合は，ない場合に比べて，うれしさ得点が高い傾向がある．喪失体験という厳しい体験を乗り越えて，小さな喜びに敏感に反応している様子を示唆している．これが心的外傷後成長の姿であろう．

(2) 喪失体験がある場合のPTG，スピリチュアルな体験，ソーシャルサポート

　深刻な苦痛を経験していると思われる喪失体験がある18名について，スピリチュアルな態度を従属変数とし，PTG，ソーシャルサポート，つらさ得点，うれしさ得点を説明変数とした重回帰分析を実施した．ステップワイズ法で，つらさ得点（$\beta=.731$, $p<.01$）のみを投入するモデル（$R^2=505$, $p<.01$）のみが有意であった（Table 6-17）．また，PTGを従属変数とし，ソーシャルサポート，つらさ得点，うれしさ得点を説明変数とする重回帰分析も実施した．心的外傷後成長の先に，スピリチュアルな態度があると考え，PTGの説明変数にはスピリチュアルな態度を採用しなかった．ステップワイズ法による重回帰分析の結果，つらさ得点（$\beta=.593$, $p<.01$）のみを投入するモデル（$R^2=312$, $p<.01$）のみが有意であった（Table 6-18）．

　喪失体験を伴う過酷な体験の場合には，つらさの体験のみがスピリチュアルな態度にも，PTGにも関連していた．そこには，ソーシャルサポートの影響はみられない．過酷な体験がPTGにつながるためには，それを仲介する認知

Table 6-17　スピリチュアルな態度の重回帰分析　喪失体験有群（$N=18$）

$R^2=505$（$p<.01$）

	非標準化係数		標準化係数	t値	有意確率
	B	標準誤差	ベータ		
（定数）	2.810	0.178		15.784	0.000
つらさ全	0.156	0.036	0.731	4.286	0.001

Table 6-18　PTGの重回帰分析　喪失体験有群（$N=18$）

$R^2=312$（$p<.01$）

	非標準化係数		標準化係数	t値	有意確率
	B	標準誤差	ベータ		
（定数）	1.804	0.486		3.711	0.002
つらさ全	0.293	0.099	0.593	2.949	0.009

的な変化が必要とされている．過酷な体験により，自分の中で世界に対する中核的な信念が揺らぎ，崩壊し，そこから新たな意味を見出すことにより，PTGにつながると考えられている（Triplett, et. al., 2012 等）．Takuら（2015）は，研究6-1と同様，東日本大震災の被災地外の大学生を対象に，東日本大震災によるPTGを調査した．この調査の対象者は，中核的な信念の揺らぎはそれほど強くなかったが，しかし，中核的な信念の揺らぎの強さとPTGは関連していた．PTGにとって重要な認知的変化は，特に体験が過酷な場合は，ソーシャルサポートというより，自身の反芻・葛藤などを通して得られるものなのかもしれない．特に，本研究の調査対象者は，中学3年という思春期の多感な時期に，震災による自宅の全壊，家族の死という喪失を体験している．そのような体験の中で，主観的につらさを感じれば感じるほど，そのつらさを自分の中で反芻し，つらい体験への意味づけをすることを通して，人格的な成長につながっていったと思われる．

(3) 喪失体験がない場合のPTG，スピリチュアルな体験，ソーシャルサポート

東日本大震災は，喪失体験の有無によらず，過酷な体験である．喪失体験がなかった41名に対して，スピリチュアルな態度を従属変数とし，PTG，ソーシャルサポート，つらさ得点，うれしさ得点を説明変数とする重回帰分析を実施した．ステップワイズ法により，PTG（$\beta = .455, p < .01$）とソーシャルサポート（$\beta = .344, p < .05$）を投入するモデル（$R^2 = 450, p < .001$）を採用した（Table 6-19）．また，PTGを従属変数として，ソーシャルサポート，つらさ得点，うれしさ得点を説明変数とするステップワイズ法による重回帰分析を実施した．その結果，つらさ得点（$\beta = .425, p < .01$）とソーシャルサポート（$\beta = .373, p < .01$）を説明変数とするモデル（$R^2 = 373, p < .001$）を採用した（Table 6-20）．

喪失体験のない場合も，PTGには，主観的つらさが影響している．しかし，喪失体験のない者は，ソーシャルサポートの影響もみえる．主観的につらければつらいほど，そして，知覚されたソーシャルサポートが多いほど，外傷後成長につながると考えられる．そして，その外傷後成長とソーシャルサポートを通して，スピリチュアルな態度が形成されると考えられる．

第6章　東日本大震災とスピリチュアルな態度

Table 6-19　スピリチュアルな態度の重回帰分析　喪失体験無群（N=41）

$R^2 = 450$ （$p < .001$）

	非標準化係数		標準化係数	t 値	有意確率
	B	標準誤差	ベータ		
（定数）	2.106	0.317		6.644	0.000
PTG	0.203	0.061	0.455	3.345	0.002
ソーシャルサポート	0.165	0.065	0.344	2.529	0.016

Table 6-20　PTG の重回帰分析　喪失体験無群（N=41）

$R^2 = 373$ （$p < .001$）

	非標準化係数		標準化係数	t 値	有意確率
	B	標準誤差	ベータ		
（定数）	-0.851	0.775		-1.098	0.279
つらさ得点	0.298	0.092	0.425	3.224	0.003
ソーシャルサポート	0.401	0.142	0.373	2.830	0.007

6-4.　総合的考察

　2011 年 3 月に発生した東日本大震災は，日本人のこころにさまざまな影響を与えた．東日本大震災の直接の被害を受けていない被災地外の大学生も，主観的な心理的影響が強い人ほど，スピリチュアルな成長がみられた．また，直接的な被害を受けた被災地の中学生は，被災から 6 年半後，他の調査で示されるよりスピリチュアルな態度が高いことが示された．心的外傷後の成長の一つの指標と考えられる．震災という過酷な体験の中でも，深刻な体験をしたと思われる喪失体験のある者にとっては，PTG やスピリチュアルな成長は，知覚されたソーシャルサポートとは関連なく，主観的なつらさと関連していた．過酷な厳しい体験をした場合は，その体験が主観的につらければつらいほど，PTG やスピリチュアルな成長につながることが示された．これは，PTG にとって，認知的な変容が重要であると考える Tedeschi ら（Triplett, et. al., 2012; Taku, et. al., 2015）の見解と一致しているように思える．地域全体が被災する中で，さらに，中学生という時期に喪失を体験するという事態は，まさに，世界が意味のあるものだという世界観や自分に対する存在意義などを揺さぶられる

141

経験である．この危機的な体験を意味のあるものとして受け入れるプロセスは，他者からの助けではなく，自分自身に向き合い，苦悩する孤独な作業を通してのみ得られるのかもしれない．震災というつらい体験をしていても，喪失体験を伴わない場合は，ソーシャルサポートが一定の役割を果たしている．ソーシャルサポートとPTGの関係は，ソーシャルサポートが高ければ，PTGにつながりやすいという単純な図式ではなく，体験の過酷さや種類によって異なると思われる．

　また，このような過酷な体験な場合には，ソーシャルサポートがPTGに影響をしないということは，体験の内容だけでなく，サポートに関する文化的な特徴が影響をしているかもしれない．相互協調的自己観が優勢な文化では，助けが必要なときに，サポートを明示的に希求しない傾向があること（Kim, et. al., 2006; Kim, et. al., 2008）とも関連するかもしれない．しかし，ソーシャルサポートが必要ないわけではなく，サポートの形が異なるという報告もある．Taylor ら（2007）は，明示的なサポートと暗黙のサポートに区別することで，アジア人のサポートをとらえた．明示的なサポートとは，アドバイスや情緒的な慰めなど必要なサポートを求め，実際にそれを利用する．それに対し，暗黙のサポートは，そのような具体的な問題に対して助けを求めるわけではなく，社会的なネットワークの中で情緒的な慰めを得ることを指している．このような暗黙のサポートのあり方は，本研究で測定したような知覚されたサポートと近いが，知覚されたサポートは必要ならばサポートを明示的に求めることができるという信念である点が違うという．Taylor ら（2007）は，実際にストレスフルな体験をする前に，自分の親しい人たちにアドバイスを求める手紙を書く明示的サポート条件より，自分の親しい集団を思い浮かべて，その集団が自分にとって大切だと思う点について記述する暗黙のサポート条件において，アジア人はストレスを感じなかったことを報告している．彼らは，主観的なストレスだけでなく，唾液に含まれるコルチゾールの量も測定し，生理的にもこの結果を確かめている．コルチゾールはストレスを感じると分泌される物質で，アジアやアジア系アメリカ人は，暗示的サポート条件で明示的サポート条件よりコルチゾールの量が低かった．ヨーロッパ系アメリカ人は，この反対の結果となった．つまり，暗示的サポート条件より，明示的サポート条件のほうがスト

レスを感じていなかった．日本人を含めたアジア人は，ストレスを感じること
に対して，明示的なサポートを要求したり，受けたりするより，自分には大切
な仲間がいると感じることで，ストレスを低減できるようである．本研究で，
喪失体験のある人たちは，過酷な体験だけに，それを他者に打ち明けてサポー
トをもらうというより，周囲の人たちの存在を感じることで，自分の中で過酷
な体験を咀嚼する経験をしていたのかもしれない．

　ソーシャルサポートとPTGの関係が，体験の質だけによるものなのか，そ
れに加えて文化的な要因がるのか，今後の研究が必要である．

（注）私信．

※　研究6-1のデータの一部は「伊坂裕子・木村友昭・佐久間哲也・山岡淳（2012）.
　　大学生におけるスピリチュアルな態度の評価（2）―東日本大震災との関連―
　　日本応用心理学会第79回大会発表論文集」で発表されている．
　　　研究6-2は，平成29年度の卒業論文の一環として，三浦亜美が収集したデー
　　タを筆者が分析したものである．

おわりに

　本書は，最近の文化心理学の進歩を受けて，西洋人対東洋人という枠組みの中で語られることの多い日本人の社会的認知やスピリチュアルな態度など人格的成長について考えてきた．

　第2章のことわざの分析でみたように，日本文化の中では，集団主義的な価値観だけではなく，個人主義的な価値観も伝えられてきている．日本人が集団主義的であるという通説は，高野・纓坂の指摘するように，必ずしも事実ではないことを示した．そして，第1章，第2章で示したように，日本人の個と集団との関係や，他者との関係をとらえるうえで，「協調と競争を通した自己利益の維持」という次元を考える必要があることを提唱した．この概念は，協調と競争との区別があいまいで，内集団から独立しているわけではないが，自分の利益を追求するという矛盾だらけの因子である．Nisbett ら（Peng & Nisbett, 1999; Nisbett, 2003）は，世界観に関して東洋人は世界を包括的にとらえ，素朴弁証法による矛盾を包括した思考法をとると考えたが，自己のあり方そのものも包括的であるのかもしれない．

　文化心理学の研究では，しばしば文化的枠組みについてのプライミングによる実験が行われている．プライミングとは，先行の刺激によって後続の課題が影響を受けることを利用した実験手続きである．たとえば，"I" を主語とする文章を作成することで，個人主義的な価値観を活性化させたうえで，さまざまな社会的判断をさせると個人主義的な判断傾向が出現する．逆に "we" を主語とする文章を作成することで集団主義的な価値観を活性化させると，後続の課題で集団主義的な反応をするというものである（Hong, et. al., 1997; Hong, et. al., 2000 等）．これは，文化を固定的にとらえるのではなく，意味的な枠組みとしてとらえる必要があることを示している．日本人も個人主義的な価値観，集団的な価値観の両方をもっているが，通常の社会生活の中では集団主義的な価値観が活性化されているため，集団主義的にふるまうと考えることができる．欧

米の研究では，文化的プライミングを使った研究が盛んに行われている．

しかし，筆者たちは，文化的プライミングの実験を試みたが，想定どおりの効果を得ることができなかった．プライミングのために使用する刺激を変えても，プライミングの効果は出現しなかった．実験は失敗に終わったので，研究は封印されていた．本書を執筆するにあたり，改めて実験手続きやデータを見直してみた．この実験には欧米で効果が出ている方法を適用しているはずである．それでも，プライミング効果を得ることができなかったのは，もちろん実験方法や手続きに問題がある可能性がある．

しかし，もう一つの可能性として，日本人は日常的に個人主義的・集団主義的という2つの意味的枠組みを包括的に使用している可能性がないだろうか．今後の課題としたい．

第3章では，日本人の自己批判的（自己卑下的）自己認知について検討した．自己批判的（自己卑下的）自己認知の指標を工夫したうえで測定すると，温厚性や自己中心性・勤勉性など，相互協調的自己観の優勢な文化で重要とされる自己の側面について特に強い自己卑下的自己認知が出現することを示した．これは，相互協調的自己観の優勢な文化でも，自己の重要な面については自己高揚的認知が起こるという便宜的な自己高揚とは異なる結果となった．日本人は，重要と思われる特性について，自己のよい面ばかりではなく，否定的な面にも注意が向くことを示しており，相互協調的自己観の理論，また，包括的思考のパターンとも一致している．

また，この自己卑下的自己認知は，よく知らない人を相手にしたとき，特にその傾向が強まることを示した．自己卑下的自己認知は，よく知らない人の中などあいまいな状況で，他者に受け入れられ，良好な関係を結ぶために，適応の手段として行われるデフォルトの戦略である可能性についても考察した．

冒頭に示した国際比較調査に表れる日本人の若者の自己肯定感の低さも，日本人の特徴として，実態としての自己肯定感の低さを示している可能性がある．一方，社会的参照枠の問題に加えて，あいまいな状況の中での適応的戦略として，自己の価値を低く見積もっているのかもしれない．どちらにしても，相互協調的な自己観の優勢な日本文化の中で，ある程度の自己卑下的自己認知は適応的であると考えられる．グローバル化が進み，文化が変容していく中

で，自己のあり方も変容していくのであろうか．

　第4章では，日本人の本音と建て前のあるコミュニケーションついて考察した．素朴弁証法に基づく包括的思考では，態度と行動が一致しないことを受け入れる．そのため，本音と建て前が異なることを当然と受け止めるとされている．第4章の結果は，自分の本音とは異なる相手の意見を受け入れる相手優先行動を適切だと考える程度が高かった．しかし，それは場面によって異なり，ルールに関しての結果は，従来の結果とは異なっていた．日本人は状況に合わせた行動をとるため，ルールに縛られないというのが定説であったが，本研究では，ルールを逸脱する相手を説得して，ルールを守る自分の態度を通そうとする傾向が強かった．

　冒頭に示した「忖度」も，本音と建て前のあるコミュニケーションの中で起きる現象である．本研究の結果を踏まえれば，それが「日本人の特徴」であるかどうかは，場面によって異なるということになる．そして，ルールに関わる場合は，ルール遵守という自分の態度を隠して，ルールを逸脱する相手に合わせる行動は，もはや日本人的ともいえない可能性が示されている．

　第5章と第6章は，宗教性の低い日本人にみられるスピリチュアルな態度について考察した．ポジティブ心理学では，「自己超越性」という徳を高める人格的な強みの一つとして spirituality が考えられているが，宗教性の低い日本人にもスピリチュアルな成長はあるのだろうか．日本人のスピリチュアルな態度を測定する質問紙を開発し，他者や社会とのつながりという面でスピリチュアルな態度が発揮されることを示した．そして，第5章では，肯定的自動思考の高さがスピリチュアルな態度を育み，そのことを通して，自己超越性の徳が高まる可能性を示した．さらに人生の意味を探求する姿勢がスピリチュアルな態度を高めるが，それは，特に人生の意味を保有している場合であることが示された．人生の意味の探求と保有について，弁証法的色彩の強い包括的思考による特徴をみることができる．

　第6章では，東日本大震災という未曽有の災害に見舞われた日本人のスピリチュアルな成長を検討した．直接的な被害を受けていない日本人も，さまざまな影響を経験しており，主観的な影響を強く感じているほど，スピリチュアルな成長が刺激される可能性を示した．また，直接的な被害を受けた場合に

は，ソーシャルサポートが人格的成長を促す手助けとなることが示された．しかし，喪失体験など，特につらい経験をした場合は，ソーシャルサポートとは関係なく，つらい体験そのものが人格的成長を促すことを示した．これは，つらい体験をした後の人格的成長には，その体験により自分の中核的な信念が揺さぶられ，世界観が崩壊する中で，苦悩し葛藤することを通して，新たな意味づけを得るという認知的プロセスが，重要である可能性が高いことを示している．そのため，自分で行うしかなく，他人の助けはあまり役に立たないのかもしれない．しかし，最も過酷な体験の後の人格的成長にソーシャルサポートが影響を与えないのは，相互協調的文化の中ではソーシャルサポートを明示的に求めないという文化的な背景が影響を与えているかもしれない．包括的な思考の強い日本人は，つらい体験にもよいところがあると考えるなど，自分で意味づけをする助けとなる文化的な要素が強いことも関係があるかもしれない．

　本書は，最近，急速に進歩している文化とこころの関係をとらえる理論に基づいて，実証的に日本人の特徴をとらえようとしたものである．山（2015）の高コンテクスト—低コンテクストなど，本書では，網羅しきれなかった興味深い理論もある．ヴント以来，「こころ」は普遍的と信じて進められてきた心理学の研究が，ここへきて，こころと文化の関係に目覚めた．文化とこころの関係を探ることは，こころの本質に迫る道となる可能性が高い．社会生態学的アプローチや遺伝子文化共進化論など，この分野は，まだまだこれから展開が楽しみな分野である．世界の文化が急速に変容している時代だからこそ，今後の研究の発展が期待される．

　最後に，本書の執筆にあたって，また，本書で紹介した研究を進めるにあたり，多くの人から多大な援助をいただいた．調査対象者として貴重なデータを提供してくださった多くの皆さんに心から感謝を申し上げたい．また，どの研究も一人ではできなかった．本書の中で共同研究者として紹介した人はもちろん，今まで一緒に研究を進めてくださった多くの共同研究者の皆さんに深く感謝申し上げる．そして，時間的な制約がある中で，本書の出版を引き受けてくださった福村出版の社長，宮下基幸氏，編集の佐藤珠鶴氏，編集の実務を担当してくださっさ小山光氏に心よりお礼申し上げたい．

引用文献

阿部達夫・筒井末春・難波経彦・西田二平・野沢彰・加藤義一・斉藤敏二 (1972). Masked depression の Screening test としての質問票 (SRQ-D) について　精神身体医学, 12, 243-247.

Adams, G., & Markus, H. R. (2004). Toward a Conception of Culture Suitable for a Social Psychology of Culture. In M. Schaller & C. S. Crandall (Eds.), *The psychological foundations of culture* (pp. 335-360). Mahwah, NJ: Lawrence Erlbaum Associates.

Alicke, M. D. (1985). Global self-evaluation as determined by the desirability and controllability of trait adjectives. *Journal of Personality and Social Psychology, 49*(6), 1621-1630.

Alicke, M. D., Klotz, M. L., Breitenbecher, D. L., Yurak, T. J., & Vredenburg, D. S. (1995). Personal contact, individuation, and the better-than-average effect. *Journal of Personality and Social Psychology, 68*(5), 804-825.

穴田義孝 (2008). "ことわざ社会心理学" の探求　明治大学社会科学研究所紀要, 46, 159-205.

Aten, J. D., Bennett, P. R., Hill, P. C., Davis, D., & Hook, J. N. (2012). Predictors of God concept and God control after Hurricane Katrina. *Psychology of Religion and Spirituality, 4*(3), 182-192.

Bar-Tal, Y., Kishon-Rabin, L., & Tabak, N. (1997). The effect of need and ability to achieve cognitive structuring on cognitive structuring. *Journal of Personality and Social Psychology, 73*(6), 1158-1176.

Baumeister, R. F., & Leary, M. R. (1995). The need to belong: Desire for interpersonal attachments as a fundamental human motivation. *Psychological Bulletin, 117*(3), 497-529.

Bem, D. J. (1967). Self-perception: An alternative interpretation of cognitive dissonance phenomena. *Psychological Review, 74*(3), 183-200.

Benedict, R. (1946). *The chrysanthemum and the sword.* Boston: Houghton Mifflin.
　　（ベネディクト，R. 長谷川松治 (訳) (1967). 定訳　菊と刀―日本文化の型―（全）　社会思想社）

Briley, D. A., & Wyer, R. S., Jr. (2001). Transitory determinants of values and decisions: The utility (or nonutility) of individualism and collectivism in understanding cultural differences. *Social Cognition, 19*(3), 197-227.

Brown, J. D., & Cai, H. (2010). Self-esteem and trait importance moderate cultural differences in self-evaluations. *Journal of Cross-Cultural Psychology, 41*(1), 116-123

Brown, J. D., & Kobayashi, C. (2002). Self-enhancement in Japan and America. *Asian Journal of Social Psychology, 5*(3), 145-168.

Cacioppo, J. T., & Petty, R. E. (1982). The need for cognition. *Journal of Personality and Social Psychology, 42*(1), 116-131.

Cacioppo, J. T., Petty, R. E., Feinstein, J. A., & Jarvis, W. B. G. (1996). Dispositional differences in cognitive motivation: The life and times of individuals varying in need for cognition. *Psychological Bulletin, 119*(2), 197-253.

Cai, H., Sedikides, C., Gaertner, L., Wang, C., Carvallo, M., Xu, Y., O'Mara, E. M., & Jackson, L. E. (2011). Tactical self-enhancement in China: Is modesty at the service of self-enhancement in East Asian culture? *Social Psychological and Personality Science, 2*(1), 59-64.

Chiu, C.-y., Morris, M. W., Hong, Y.-y., & Menon, T. (2000). Motivated cultural cognition: The impact of implicit cultural theories on dispositional attribution varies as a function of need for closure. *Journal of Personality and Social Psychology, 78*(2), 247-259.

Choi, I., & Nisbett, R. E. (1998). Situational salience and cultural differences in the correspondence bias and actor-observer bias. *Personality and Social Psychology Bulletin, 24*(9), 949-960.

Choi, I., Nisbett, R. E., & Norenzayan, A. (1999). Causal attribution across cultures: Variation and universality. *Psychological Bulletin, 125*(1), 47-63.

Church, A. T., Katigbak, M. S., Mazuera Arias, R., Rincon, B. C., Vargas-Flores, J. D. J., Ibáñez-Reyes, J., Wang, L., Alvarez, J. M., Wang, C., & Ortiz, F. A. (2014). A four-culture study of self-enhancement and adjustment using the social relations model: Do alternative conceptualizations and indices make a difference? *Journal of Personality and Social Psychology, 106*(6), 997-1014.

Cloninger, C. R. (2006). The science of well being: An integrated approach to mental health and its disorders. *World Psychiatry, 5*(2), 71–76.

Cloninger, C. R., Svrakic, D. M., & Przybeck, T. R. (1993). A Psychobiological Model of Temperament and Character. *Archives of General Psychiatry. 50*(12), 975-990. doi:10.1001/archpsyc.1993.01820240059008

Davis, M. H. (1983). The effects of dispositional empathy on emotional reactions and helping: A multidimensional approach. *Journal of Personality, 51*(2), 167-184.

土居健郎 (1971).「甘え」の構造　弘文堂

遠藤由美 (1992). 自己評価基準としての負の理想自己　心理学研究, 63(3), 214-217.

遠藤由美 (1995). 精神的健康の指標としての自己をめぐる議論　社会心理学研究, 11(2), 134-144.

遠藤由美 (1997). 親密な関係性における高揚と相対的自己卑下　心理学研究, 68(5), 387-395.

Endo, Y., Heine, S. J., & Lehman, D. R. (2000). Culture and positive illusions in close relationships: How my relationships are better than yours. *Personality and Social Psychology Bulletin, 26*(12), 1571-1586.

Fenigstein, A., Scheier, M. F., & Buss, A. H. (1975). Public and private self-consciousness: Assessment and theory. *Journal of Consulting and Clinical Psychology, 43*(4), 522-527.

藤永保 (1997). 心理学と文化のかかわり—歴史のなかから—　柏木惠子・北山忍・東洋 (編) 文化心理学—理論と実証—　東京大学出版会, pp.3-16.

Funder, D. C. (1980). On seeing ourselves as others see us: Self-other agreement and discrepancy in personality ratings. *Journal of Personality, 48*(4), 473-493.

Funder, D. C., & Colvin, C. R. (1988). Friends and strangers: Acquaintanceship, agreement, and the accuracy of personality judgement. *Journal of Personality and Social Psychology, 55*(1), 149-158.

Gaertner, L., Sedikides, C., & Chang, K. (2008). On pancultural self-enhancement: Well-adjusted Taiwanese self-enhance on personally valued traits. *Journal of Cross-Cultural Psychology, 39*(4), 463-477.

Greenfield, P. M. (2000). Three approaches to the psychology of culture: Where do they come from? Where can they go? *Asian Journal of Social Psychology, 3*(3), 223-240.

Haidt, J. (2001). The emotional dog and its rational tail: A social intuitionist approach to moral judgment. *Psychological Review, 108*(4), 814-834.

Haidt, J. (2006). *The happiness hypothesis: Finding modern truth in ancient wisdom.* New York; Basic Books.
　　(ハイト, J. 藤澤隆史・藤澤玲子 (訳) (2011). しあわせ仮説—古代の知恵と現代科学の知恵—　新曜社)

橋本博文 (2011). 相互協調性の自己維持メカニズム　実験社会心理学研究, 50(2), 182-193.

Heine, S. J., & Hamamura, T. (2007). In search of East Asian self-enhancement. *Personality and Social Psychology Review, 11*(1), 1-24.

Heine, S. J., & Lehman, D. R. (1995). Cultural variation in unrealistic optimism: Does the West feel more vulnerable than the East? *Journal of Personality and Social Psychology, 68*(4), 595-607.

Heine, S. J., Lehman D. R., Markus, H. R., & Kitayama, S. (1999). Is there a universal need for positive self-regard? *Psychological Review, 106*(4), 766-794.

Heine, S. J., Lehman D. R., Peng, K., & Greenholtz, J. (2002). What's wrong with cross-cultural comparisons of subjective Likert scales?: The reference-group effect. *Journal of Personality and Social Psychology, 82*(6), 903-918.

Hill, P. C., & Pargament, K. I. (2003). Advances in the conceptualization and measurement of religion and spirituality: implications for physical and mental health research. *American Psychologist, 58*(1), 64-74.

広瀬弘忠 (2004). 人はなぜ逃げおくれるのか―災害の心理学―　集英社新書

Ho, D. Y.-F., & Chiu, C.-Y. (1994). Component ideas of individualism, collectivism, and social organization: An application in the study of Chinese culture. In U. Kim, H. C. Triandis, Ç. Kâğitçibasi, S.-C. Choi, & G. Yoon (Eds.), *Individualism and collectivism: Theory, method and applications*. Thousand Oaks, CA: Sage.

Hong, Y.-y., Chiu, C.-y., & Kung T. M. (1997). Bringing culture out in front: Effects of cultural meaning system activation on social cognition. In K. Leung, U. Kim, S. Yamaguchi, & Y. Kashima (Eds.), *Progress in Asian social psychology, vol. 1* (pp. 139-150). New York; John Wiley & Sons.

Hong, Y.-y., Morris, M. W., Chiu, C.-y., & Benet-Martínez, V. (2000). Multicultural minds: A dynamic constructivist approach to culture and cognition. *American Psychologist, 55*(7), 709-720.

星野命 (1984). 文化とパーソナリティ　河合隼雄他著　講座現代の心理学6　性格の科学　小学館

細田絢・田嶌誠一 (2009). 中学生におけるソーシャルサポートと自他への肯定感に関する研究　教育心理学研究, 57(3), 309-323.

兵庫県精神保健協会こころのケアセンター (編) (1999). 非常事態ストレスと災害救援者の健康状態に関する調査研究報告書―阪神・淡路大震災が兵庫県下の消防職員に及ぼした影響―　兵庫県精神保健協会こころのケアセンター

Isaka, H. (1990). Factor analysis of trait terms in everyday Japanese language. *Personality and Individual difference, 11*(2), 115-124.

伊坂裕子 (2000). パーソナリティ認知における自己認知と他者認知の関係―Social Relations Model を用いた日本的自己認知の考察―　日本大学心理学研究, 21, 15-25.

伊坂裕子 (2003). 日本文化における個人と集団の関係についての価値観の検討―ことわざの分析より―　日本性格心理学会大会発表論文集, 108-109.

伊坂裕子 (2004). 日本的文化が社会的認知に及ぼす効果の検討―個人主義・集団主義を超えた第3の視点―　平成13～15年度日本学術振興会研究費補助金　基盤研究（C）　研究成果報告書

Isaka, H., Kamada., A., Noguchi, K., & Fujimoto, K. (2003). The Maintenance of Self-

Interests through Cooperation and Competition: Another Look on Japanese Collctivism. 日本大学国際関係学部研究年報, 24, 149-164.

伊坂裕子・木村友昭・内田誠也・山岡淳 (2014). 大学生におけるスピリチュアルな態度と自動思考および自己超越性との関連　日本応用心理学会第81回大会発表論文集, p.40.

石井敬子 (2014).　文化神経科学　山岸俊男 (編)　フロンティア実験社会科学7　文化を実験する―社会行動の文化・制度的基盤―　勁草書房, pp.35-62.

伊藤忠弘 (1998). 特性自尊心と自己防衛・高揚行動　心理学評論, 41(1), 57-72.

伊藤忠弘 (1999). 社会的比較における自己高揚的傾向―平均以上効果の検討―　心理学研究, 70(5), 367-374.

Iwao, S. (1997). Consistency orientation and models of social behavior: Is it not time for West to meet East? *Journal of Japanese Psychological Research, 39*(4), 323-332.

John, O. P., & Robbins, R. W. (1993). Determinants of interjudge agreement on personality traits: The big five domains, observability, evaluativeness, and the unique perspective of the self. *Journal of Personality, 61*(4), 521-551.

Josefsson, K., Cloninger, C. R., Hintsanen, M., Jokela, M., Pulkki-Råback, L., & Keltikangas-Järvinen, L. (2011). Associations of personality profiles with various aspects of well-being: A population-based study. *Journal of Affective Disorders, 133*(1-2), 265-273.

神山貴弥・藤原武弘 (1991). 認知欲求尺度に関する基礎的研究　社会心理学研究, 6(3), 184-192.

Kashima, Y., Siegal, M., Tanaka, K., & Kashima, E. S. (1992). Do people believe behaviours are consistent with attitudes? Towards a cultural psychology of attribution processes. *British Journal of Social Psychology, 31*(2), 111-124.

Kenrik, D. T., & Funder, D. C. (1988). Profiting from controversy: Lessons from the person-situation debate. *American psychologist, 43*(1), 23-34.

Kenny, D. A. (1994). *Interpersonal Perception : A Social Relations Analysis*. New York: Guilford Press.

Kenny, D. A. & La Voie, L. (1984). The Social Relations Model. In L.Berkowitz (Ed.), *Advances in experimental social psychology(Vol. 18, pp.142-182)*.

Kim, H. S., Sherman, D. K., Ko, D., & Taylor, S. E. (2006). Pursuit of Comfort and Pursuit of Harmony: Culture, Relationships, and Social Support Seeking. *Personality and Social Psychology Bulletin, 32*(12), 1595-1607.

Kim, H. S., Sherman, D. K., & Taylor, S. E. (2008). Culture and social support. *American Psychologist, 63*(6), 518-526.

木島伸彦・斎藤令衣・竹内美香・吉野相英・大野裕・加藤元一郎・北村俊則 (1996). Cloninger の気質と性格の7次元モデルおよび日本語版 Temperament and Character

Inventory (TCI). 精神科診断学, 7(3), 379-399.

木村友昭・佐久間哲也・伊坂裕子・鈴木直人・牧美輝・烏帽子田彰・内田誠也・山岡淳 (2016). 大学生および社会人における抑うつ症状とスピリチュアルな態度との関連　MOA 健康科学センター研究報告集, 20, 3-14.

Kimura, T., Sakuma, T., Isaka, H., Uchida, S., & Yamaoka, K. (2016). Depressive symptoms and spiritual wellbeing in Japanese university students., *International Journal of Culture and Mental Health. 9*(1), 14-30.

北山忍 (1994). 文化的自己観と心理的プロセス　社会心理学研究, 10(3), 153-167.

北山忍 (1998). 自己と感情―文化心理学による問いかけ―　共立出版

北山忍・唐澤真弓 (1995). 自己―文化心理学的視座―　実験社会心理学研究, 35(2), 133-163.

Kitayama, S., & Uskul, A. K. (2011). Culture, mind, and the brain: Current evidence and future directions. *Annual Review of Psychology, 62*, 419-449.

木内亜紀 (1995). 独立・相互依存的自己理解尺度の作成および信頼性・妥当性の検討　心理学研究, 66(2), 100-106.

Kohlberg, R. (1971). From is to ought; How to commit the naturalistic fallacy and get away with it in the study of moral development. in T. Mishel (eds). *Cognitive development and Epistemology.* New York: Academic Press.

国立青少年教育振興機構 (2015). 高校生の生活と意識に関する調査報告書―日本・米国・中国・韓国の比較―

工藤恵理子 (2004). 平均点以上効果が示すものは何か―評定対象の獲得容易性の効果―　社会心理学研究, 19(3), 195-208.

Kurman, J. (2001). Self-enhancement: Is it restricted to individualistic cultures? *Personality and Social Psychology Bulletin, 27*(12), 1705-1716.

教育再生実行会議 (2017). 自己肯定感を高め, 自らの手で未来を切り拓く子供を育む教育の実現に向けた, 学校, 家庭, 地域の教育力の向上（第十次提言）

Markus, H. R. & Kitayama, S. (1991). Culture and the self: Implications for cognition, emotion, and motivation. *Psychological Review, 98*(2), 224-253.

Masuda, T., & Kitayama, S. (2004). Perceiver-induced constraint and attitude attribution in Japan and the US: A case for the cultural dependence of the correspondence bias. *Journal of Experimental Social Psychology, 40*(3), 409-416.

Mead, G. H. (1934). *Mind, self, and society.* Chicago: University of Chicago Press.

南博 (1994). 日本人論―明治から今日まで―　岩波書店

宮崎隆穂・小玉正博・佐々木雄二 (1999). 知覚されたソーシャルサポート尺度の計量心理学的特性の検討　筑波大学心理学研究, 21, 187-195.

宮偉 (2013). 日本のことわざからみる女性像の現在 中央学院大学社会システム研究所紀要,

14(1), 19-28.

Moreira, P. A. S., Cloninger, C. R., Dinis, L., Sá, L., Oliveira, J. T., Dias, A., & Oliveira, J. (2015). Personality and well-being in adolescents. *Frontiers in Psychology, 5,* Article ID 1494.

Morris, M. W., & Peng, K. (1994). Culture and cause: American and Chinese attributions for social and physical events. *Journal of Personality and Social Psychology, 67*(6), 949-971.

守屋慶子 (1997). 自己－他者関係の形成―認識と文化―　柏木惠子・北山忍・東洋 (編)　文化心理学―理論と実証―　東京大学出版会

村上典子 (2012). 災害における喪失・悲嘆への全人的ケア（東日本大震災支援プログラム 2011 年, 第 52 回日本心身医学会総会ならびに学術講演会 (横浜)）　心身医学, 52(5), 373-380.

内閣府 (2014). 我が国と諸外国の若者の意識に関する調査 (平成 25 年度)

Mytko, J. J., & Knight, S. J. (1999). Body, mind and spirit: towards the integration of religiosity and spirituality in cancer quality of life research. *Psycho-Oncology, 8*(5), 439-450.

仲栄真美奈子・与久田巌・中村完 (1997). INDCOL 尺度による文化比較的研究（1）―INDCOL 尺度の本邦での適用―　日本社会心理学会第 38 回大会発表論文集, pp.360-361.

中村雅彦・長瀬雅子 (2004). スピリチュアルな癒しに関するトランスパーソナル・パラダイムの展望―癒し, 医療, スピリチュアリティの相互関係―　愛媛大学教育学部紀要, 51(1), 83-93.

Nisbett, R. (2003). *The geography of thought. How Asian and Westerners think differently ... and Why.* New York; The Free Press.
　　（ニスベット, R. 村本由紀子 (訳) (2004). 木を見る西洋人　森を見る東洋人―思考の違いはいかにして生まれるか―　ダイヤモンド社）

Noguchi, K. (2007). Examination of the content of individualism/collectivism scales in cultural comparisons of the USA and Japan. *Asian Journal of Social Psychology, 10*(3), 131-144.

野島真美・岡本博照・神山麻由子・和田貴子・角田透 (2013). 東日本大震災に派遣された消防官の惨事ストレスとメンタルヘルスについての横断研究　杏林医学会雑誌, 44(1), 13-23

奥野洋子・萬羽郁子・青野明子・東賢一・奥村二郎 (2013). 対人援助職のストレス体験が 1 年後の自己成長感に与える影響に関する縦断的研究 近畿大学医学雑誌, 38(3-4), 115-124.

大渕憲一・福島治 (1997). 葛藤解決における多目標―その規定因と方略選択に対する効果―心理学研究, 68(3), 155-162.

大塚明子・佐藤有佳・米山淑子・志岐奈央子・楠木麻衣子 (2014). 岩手県大船渡市における支援活動が一般ボランティアに及ぼした心理的影響―避難所での活動に従事したある民

間病院の体験より— カウンセリング研究, 47(4), 204-213.

Oishi, S., & Graham, J. (2010). Social ecology: Lost and found in psychological science. *Perspectives on Psychological Science, 5*(4), 356-377.

Oyserman, D., Coon, H. M., & Kemmelmeier, M. (2002). Rethinking individualism and collectivism: Evaluation of theoretical assumptions and meta-analyses. *Psychological Bulletin, 128*(1), 3-72.

尾崎真奈美・甲田烈 (2012). スピリチュアリティとインクルーシブ・ポジティビティ　尾崎真奈美 (編)　ポジティブ心理学再考　ナカニシヤ出版, pp.67-82.

Peng, K., & Nisbrtt, R. E. (1999). Culture, dialectics, and reasoning about contradiction. *American Psychologist, 54*(9), 741-754.

Peterson, C. & Selingman, M. E. P. (2004). *Character strength and virtues: A handbook and classification.* Washington, D.C.: American Psychological Association and Oxford University Press.

羅蓮萍 (2008). 社会的問題解決の方略と目標—中国と日本の大学生における比較分析—　東アジア研究, 6, 39-55.

Rosenberg, M. (1965). *Society and the adolescent self-image.* Princeton, NJ: Princeton University Press.

Sachdeva, S., Singh, P., & Medin, D. (2011). Culture and the quest for universal principles in moral reasoning. *International Journal of Psychology, 46*(3), 161-176.

坂本真士 (2004). Beck の抑うつモデルの検討—DAS と ATQ を用いて—　日本大学心理学研究, 25, 14-23

桜井茂男 (1988). 大学生における共感と援助行動の関係—多次元共感観測尺度を用いて—　奈良教育大学紀要, 37(1), 149-154.

Sedikides, C., Gaerner, L., & Toguchi, Y. (2003). Pancultural self-enhancement. *Journal of Personality and Social Psychology, 84*(1), 60-79.

嶋信宏 (1991). 大学生のソーシャルサポートネットワークの測定に関する一研究　教育心理学研究, 39(4), 440-447.

島井哲志・大竹恵子 (2005). 日本版「人生の意味」尺度 (MLQ) の開発　日本ヒューマンケア心理学会第 7 回大会発表論文集, pp.29-30.

Shweder, R. A., Much, N. C., Mahapatra, M., & Park, L. (1997). The "big three" of morality (autonomy, community, divinity), and the "big three" explanations of suffering. In A. Brandt & P. Rozin (Eds.). *Morality and Health.* New York: Routledge.

Silverstein, S. (1964). The giving tree. New York: Harper & Row.

Singelis, T. M., Triandis, H. C., Bhawuk, D., & Gelfand, M. J. (1995). Horizontal and vertical dimensions of individualism and collectivism: A theoretical and measurement refinement. *Cross Cultural Research: The Journal of Comparative Social*

Science, 29(3), 240-275.

菅原健介 (1984). 自己意識尺度 (Self-consciousness scale) 日本語版作成の試み　心理学研究, 55(3), 184-188.

鈴木直人・山岸俊男 (2004). 日本人の自己卑下と自己高揚に関する実験研究　社会心理学研究, 20(1), 17-25.

Spencer-Rodgers, J., Peng, K., Wang, L., & Hou, Y. (2004) Dialectical Self-Esteem and East-West Differences in Psychological Well-Being. *Personality and Social Psychology Bulletin, 30*(11), 1416-1432.

Spencer-Rodgers, J., Williams, M. J., & Peng, K. (2010). Cultural differences in expectations of change and tolerance for contradiction: A decade of empirical research. *Personality and Social Psychology Review, 14*(3), 296-312.

Steger, M. F., Frazier, P., Oishi, S., & Kaler, M. (2006). The meaning in life questionnaire: Assessing the presence of and search for meaning in life. *Journal of Counseling Psychology, 53*(1), 80-93.

Steger, M. F., Kawabata, Y., Shimai, S., & Otake, K. (2008). The meaningful life in Japan and the United States: Levels and Correlates of meaning in life. *Journal of Reserch in Personality, 42*(3), pp.660-678.

Steger, M. F., Oishi, S., & Kesebir, S. (2011). Is a life without meaning satisfying? The moderating role of the search for meaning in satisfaction with life judgments. *The Journal of Positive Psychology, 6*(3), 173-180.

Swann, W. B. Jr. (1990). To be adored or to be known? The interplay of self-enhancement and self-verification. In E. T. Higgins & R. M. Sorrentino (Eds.), *Handbook of motivation and cognition: Foundation of social behavior (Vol.2, pp408-448)*. New York: Guilford Press.

高田利武 (1987). 社会的比較による自己評価における自己卑下的傾向　実験社会心理学研究, 27(1), 27-36.

高田利武 (2000). 相互独立的—相互協調的自己観尺度に就いて—　奈良大学総合研究所所報, 8, 145-163.

高田利武・大本美知恵・清家美紀 (1996). 相互独立的－相互協調的自己観尺度 (改定版) の作成　奈良大学紀要, 24, 157-173.

高野陽太郎・纓坂英子 (1997). "日本人の集団主義"と"アメリカ人の個人主義"—通説の再検討—　心理学研究, 68(4), 312-317.

Takano. Y. & Osaka, E. (1999). An unsupported common view: Comparing Japan and the U. S. on individualism/collectivism. *Asian Journal of Social Psychology, 2*(3), 311-341.

竹村幸祐・結城雅樹 (2014). 　文化への社会生態学的アプローチ　山岸俊男 (編)　フロン

ティア実験社会科学7　文化を実験する—社会行動の文化・制度的基盤—　勁草書房, pp.91-140.

武富由美子・田渕康子・藤田君支 (2016). がん患者遺族の心的外傷後成長の特徴とストレスコーピング・ソーシャルサポートとの関連　日本看護研究学会雑誌, 39(2), 25-33.

宅香菜子 (2010). がんサバイバーの Posttraumatic Growth　腫瘍内科, 5(2), 211-217.

Taku, K., Cann, A., Tedeschi, R. G., & Calhoun, L. G. (2015). Core beliefs shaken by an earthquake correlate with posttraumatic growth. *Psychological Trauma: Theory, Research, Practice, and Policy, 7*(6), 563-569.

Taku, K., Kilmer, R.P., Cann, A., Tedeschi, R.G., & Calhoun, L.G. (2012). Exploring posttraumatic growth in Japanese youth. *Psychological Trauma: Theory, Research, Practice, and Policy, 4*(4), 411-419.

Tam, K.-P., Leung, A. K.-y., Kim, Y.-H., Chiu, C.-Y., Lau, I. Y.-M., & Au, A. K. C. (2012). The better-than-average effect in Hong Kong and the United States: The role of personal trait importance and cultural trait importance. *Journal of Cross-Cultural Psychology, 43*(6), 915-930.

田中宏二 (1997). ソーシャルサポート　日本健康心理学会 (編)　健康心理学事典　実務教育出版, p.191.

Taylor, S. E., & Brown, J. D. (1988). Illusion and well-being: A social psychological perspective on mental health. *Psychological Bulletin, 103*(2), 193-210.

Taylor, S. E., & Brown, J. D. (1994). Positive illusions and well-being revisited: Separating fact from fiction. *Psychological Bulletin, 116*(1), 21-27.

Taylor, S. E., Welch, W. T., Kim, H. S., & Sherman, D. K. (2007). Cultural differences in the impact of social support on psychological and biological stress responses. *Psychological Science, 18*(9), 831-837.

Tedeschi, R.G & Calhoun, L. G. (1996). The Posttraumatic growth Inventory: Measuring the positive legacy of trauma. *Journal of Traumatic Stress, 9*(3), 455-472.

Tedeschi, R. G. & Calhoun, L. G. (2004). Posttraumatic growth: Conceptual foundations and empirical evidence. *Psychological Inquiry, 15*(1), 1-18.

Triandis, H. C. (1995). *Individualism & collectivism*. Westview Press.
（トリアンディス, H. C. 神山貴弥・藤原武弘 (編訳) (2002). 個人主義と集団主義—2つのレンズを通して読み解く文化—　北大路書房）

Triandis, H. C., & Gelfand, M. J. (1998). Converging measurement of horizontal and vertical individualism and collectivism. *Journal of Personality and Social Psychology, 74*(1), 118-128.

Triandis, H. C., & Gelfand, M. J. (2012). A theory of individualism and collectivism. In P.

A. M. Van Lange, A. W. Kruglanski, & E. T. Higgins (Eds.), *Handbook of theories of social psychology,* pp.498-520.

Triandis, H. C., McCusker, C., & Hui, C. H. (1990). Multimethod probes of individualism and collectivism. *Journal of Personality and Social Psychology, 59*(5), 1006-1020.

Triplett, K. N., Tedeschi, R. G., Cann, A., Calhoun, L. G., & Reeve, C. L. (2012). Posttraumatic growth, meaning in life, and life satisfaction in response to trauma. *Psychological Trauma: Theory, Research, Practice, and Policy, 4*(4), 400-410.

外山美樹・桜井茂男 (2000). 自己認知と精神的健康の関係　教育心理学研究, 48(4), 454-461.

外山美樹・桜井茂男 (2001). 日本人におけるポジティブ・イリュージョン現象　心理学研究, 72(4), 329-335.

Updegraff, J. A., & Taylor, S. E. (2000). From vulnerability to growth: Positive and negative effects of stressful life events. In J. H. Harvey & E. D. Miller (Eds.), *Loss and trauma: General and close relationship perspectives (pp. 3-28)*. New York: Brunner-Routledge.

浦光博 (1999). 認知的構造化欲求と構造化能力が自尊心と他者の受容に及ぼす影響，広島大学総合科学部紀要IV理系編, 25, 171-179.

Weil, A. (2011). *Spontaneous happiness: A new path to emotional well-being*. New York: Little, Brown and Co.

（ワイル, A. 上野圭一 (訳) (2012). ワイル博士のうつが消えるこころのレッスン　角川書店）

山祐嗣 (2015). 日本人は論理的に考えることが本当に苦手なのか　新曜社

山岸俊男 (1998). 信頼の構造—こころと社会の進化ゲーム—　東京大学出版会

山岸俊男 (編) (2014). フロンティア実験社会心理学7　文化を実験する—社会行動の文化–制度的基盤—　勁草書房

Yamagishi, T., Hashimoto, H., & Schug, J. (2008). Preferences versus strategies as explanations for culture-specific behavior. *Psychological Science, 19*(6), 579-584.

山本真理子・松井豊・山成由紀子 (1982). 認知された自己の諸側面の構造　教育心理学研究, 30(1), 64-68.

Yik, M. S. M., Bond, M. H., & Paulhus, D. L. (1998). Do Chinese self-enhance or self-efface? It's a matter of domain. *Personality and Social Psychology Bulletin, 24*(4), 399-406.

Zinnbauer, B. J., Pargament, K. I., & Scott, A. B. (1999). The Emerging Meanings of Religiousness and Spirituality: Problems and Prospects. *Journal of Personality, 67*(6), 889-919.

著者プロフィール

伊坂裕子（いさか　ひろこ）

日本大学国際関係学部准教授

1983 年　日本大学文理学部心理学科卒業
1989 年　同大学大学院博士課程満期退学（文学研究科心理学専攻）
1992 年　博士（心理学）
専門は，パーソナリティ，社会的認知

主要著書・論文

『現代社会と応用心理学1　クローズアップ「学校」』（2015 年，共著，福村出版）
『Next 教科書シリーズ　教育心理学』（2014 年，共著，弘文堂）
『心理学概説―心理学のエッセンスを学ぶ―』（2014 年，共著，啓明出版）
「社会的行動の適切さ判断―義務を基盤とする道徳観と言動の不一致解消―」
　　（2017 年，共著，国際関係学部研究年報，第 38 集）
"Depressive symptoms and spiritual wellbeing in Japanese university
　　students."（2016 年，共著，*International Journal of Culture and Mental
　　Health.* vol.9）
「ステレオタイプ的信念の対人関係促進機能―血液型ステレオタイプによる検
　　討―」（2012 年，単著，桜文論叢，第 82 巻）

日本人の認知的特徴と人格的成長に関する文化心理学
――相互協調的自己観と包括的思考

2018 年 2 月 15 日　初版第 1 刷発行

著　者	伊　坂　裕　子
発行者	宮　下　基　幸
発行所	福村出版株式会社

〒 113-0034　東京都文京区湯島 2-14-11
電　話　03（5812）9702
ＦＡＸ　03（5812）9705
https://www.fukumura.co.jp

印　刷	株式会社文化カラー印刷
製　本	本間製本株式会社

©Hiroko Isaka 2018　Printed in Japan
ISBN978-4-571-25051-4 C3011
落丁・乱丁本はお取替えいたします
定価はカバーに表示してあります

福村出版◆好評図書

日本応用心理学会 企画／藤田主一・浮谷秀一 編
現代社会と応用心理学 1

クローズアップ「学校」

◎2,400円　　ISBN978-4-571-25501-4　C3311

目まぐるしく変化する現代社会に対応を迫られる学校。現場で何が起きているのか，「こころ」の問題を探る。

C. ナス・C. イェン 著／細馬宏通 監訳／成田啓行 訳

お世辞を言う機械はお好き?

●コンピューターから学ぶ対人関係の心理学

◎3,000円　　ISBN978-4-571-25050-7　C3011

人はコンピューターを人のように扱うとの法則をもとに，コンピューターを用いた実験で対人関係を分析する。

N. ラムゼイ・D. ハーコート 著／原田輝一・真覚 健 訳

アピアランス〈外見〉の心理学

●可視的差異に対する心理社会的理解とケア

◎5,000円　　ISBN978-4-571-25049-1　C3011

外見（アピアランス）に問題を抱える人々の心理社会的不安と困難に焦点を当て，介入・支援の可能性を探る。

太幡直也 著

懸念的被透視感が生じている状況における対人コミュニケーションの心理学的研究

◎4,000円　　ISBN978-4-571-25048-4　C3011

気づかれたくない内面についての被知覚の意識（懸念的被透視感）が与える影響と対人場面に果たす役割とは。

A. ヴレイ 著／太幡直也・佐藤 拓・菊地史倫 監訳

嘘と欺瞞の心理学

●対人関係から犯罪捜査まで 虚偽検出に関する真実

◎9,000円　　ISBN978-4-571-25046-0　C3011

心理学の知見に基づく嘘や欺瞞のメカニズムと，主に犯罪捜査で使われる様々な虚偽検出ツールを詳しく紹介。

髙坂康雅 著

恋愛心理学特論

●恋愛する青年／しない青年の読み解き方

◎2,300円　　ISBN978-4-571-25047-7　C3011

恋愛研究の活性化を目指し，「恋人が欲しくない青年」など最新のトピックを青年心理学の立場から解明する。

山岡重行 著

腐女子の心理学

●彼女たちはなぜ BL（男性同性愛）を好むのか?

◎3,500円　　ISBN978-4-571-25045-3　C3011

「腐女子」とは何者なのか? 大学生 1 万人以上の統計調査をもとに，その客観的な姿と心理を分析する。

◎価格は本体価格です。